新时期优化区域经济空间布局研究

Research on Optimizing The Spatial Distribution of Regional Economy in The New Period

韩永文　马庆斌　陈　妍　等◎著

中国经济出版社
CHINA ECONOMIC PUBLISHING HOUSE
北京

图书在版编目（CIP）数据

新时期优化区域经济空间布局研究／韩永文等著
．--北京：中国经济出版社，2022.9
ISBN 978－7－5136－7085－2

Ⅰ.①新… Ⅱ.①韩… Ⅲ.①区域布局－经济布局－研究－中国 Ⅳ.①F127

中国版本图书馆 CIP 数据核字（2022）第 163910 号

责任编辑 贺 静
责任印制 马小宾
封面设计 华子设计

出版发行 中国经济出版社
印 刷 者 河北宝昌佳彩印刷有限公司
经 销 者 各地新华书店
开 本 710mm×1000mm 1/16
印 张 15.25
字 数 204 千字
版 次 2022 年 9 月第 1 版
印 次 2022 年 9 月第 1 次
定 价 88.00 元
广告经营许可证 京西工商广字第 8179 号

中国经济出版社 **网址** www.economyph.com **社址** 北京市东城区安定门外大街 58 号 **邮编** 100011
本版图书如存在印装质量问题，请与本社销售中心联系调换（联系电话：010－57512564）

课题组

课题负责人

韩永文　中国国际经济交流中心副理事长

课题组组长

马庆斌　中国国际经济交流中心研究员

课题组副组长

陈　妍　中国国际经济交流中心副研究员

课题组成员

李　娣　中国国际经济交流中心研究员

郭迎锋　中国国际经济交流中心副研究员

贾若祥　国家发展改革委国土地区所研究室主任

杨白冰　国家信息中心副研究员

王　婧　中国国际经济交流中心助理研究员

崔　璨　中国国际经济交流中心助理研究员

李　丹　中国国际经济交流中心副研究员

姚晓明　国家发展改革委经济所助理研究员

赵天然　中国国际经济交流中心主任科员

引 言

PREFACE

优化区域经济空间布局的思路和方向

《中共中央关于制定国民经济和社会发展第十四个五年规划和二〇三五年远景目标的建议》中提出，要立足资源环境承载能力，发挥各地比较优势，逐步形成城市化地区、农产品主产区、生态功能区三大空间格局，并通过优化重大基础设施、重大生产力和公共资源布局，形成主体功能明显、优势互补、高质量发展的国土空间开发保护新格局。这意味着在“十四五”至2035年基本实现社会主义现代化征程中，国土空间的合理开发和有效保护将作为国家战略持续推进。优化区域经济空间布局是国土空间的合理开发和有效保护的重要内容，也是当前构建新发展格局的坚实支撑。

一、区域经济空间布局的特点及面临的新要求

区域经济空间布局是经济要素的空间分布状态，既与不同区域的资源禀赋、区位条件密切相关，又与政府调控和市场调节密不可分。在不同历史时期，区域经济空间布局呈现出不同形态，并对经济发展质量和

经济发展速度产生重要影响。区域经济空间布局呈现出如下三方面的特点：一是区域经济空间布局在很大程度上是经济发展规律的一种空间表现形态，是生产要素遵循经济规律在一定区域范围内的空间组织形式。二是区域经济空间布局在很大程度上是政府调控经济发展在空间上的表现形态，是政府经济发展意图在区域空间上的表现。三是区域经济空间布局与不同区域的资源禀赋和区位条件密切相关，是不同区域资源禀赋或区位条件通过经济发展呈现出来的一种空间形态。

党的十九届五中全会明确提出要围绕高质量发展，构建国土空间开发保护新格局，这也是对区域经济空间布局提出的新要求。一是更加注重生态保护，促进绿色发展。要立足资源环境承载能力，形成城市化地区、农产品主产区、生态功能区三大空间格局。支持城市化地区高效集聚经济和人口、保护基本农田和生态空间，支持农产品主产区增强农业生产能力，支持生态功能区把发展重点放到保护生态环境、提供生态产品上，支持生态功能区的人口逐步有序转移，形成主体功能明显、优势互补、高质量发展的国土空间开发保护新格局。二是更加注重经济规律，促进高质量发展。要发挥各地区比较优势，促进各类要素合理流动和高效集聚，增强创新发展动力，加快构建高质量发展的动力系统，增强中心城市和城市群等经济发展优势区域的经济和人口承载能力。三是更加注重发挥比较优势，完善空间治理机制。我国区域发展异质性强，要宜山则山、要宜水则水，要宜农则农、要宜粮则粮，要宜工则工、要宜商则商，经济发展条件好的地区要承载更多产业和人口，发挥价值创造作用，生态功能强的地区要得到有效保护，创造更多生态产品，构建优势互补的经济空间布局形态。

二、完善区域经济空间布局的思路与原则

优化区域经济空间布局的核心要义是贯彻创新、协调、绿色、开放、共享的新发展理念，科学确定不同功能区的发展任务，促进各类要

素合理流动和高效集聚。

（1）坚持创新驱动，提升区域产业链现代化水平。推动形成区域创新共同体和差异化分工的国家创新链，推动科技创新与产业发展深度融合。优化区域创新链，东部地区加强基础研究和原始性科技创新，抢占前沿科技制高点，京津冀、粤港澳、长三角要对标全球最高水平打造世界级创新平台和增长极。中部和东北地区致力研发成果产业化，打造科技成果的转化基地。西部地区研发基础比较薄弱，通过重大产业项目和创新平台统筹布局，开展创新驱动改革试点，形成一批具有创新示范和带动作用的创新型中心城市。

（2）坚持协调互补，增强区域经济发展韧性。形成分工合理、协调互补的区域发展格局，增强粮食、生态、国防安全保障，形成发展相对均衡有序的局面。打造新型区域生产综合体，既要强调发挥区域的比较优势推动产业的专业化，又要考虑区域的粮食、生态、应急等多重目标。通过优化调整四大板块各自发展的战略方向和重点，实现布局优化。东部地区发挥创新引领作用，作为率先实现高质量发展新高地；中部地区发挥制造业优势，形成实体经济发展新高地；西部地区深入推进"一带一路"建设的核心区域和关键节点建设，推动向西开放走深走实，同时做好保障国家边境安全和生态安全的重要屏障；东北地区推进产业多元化发展，培育产业集群，谋划新的开放战略，探索建设自由贸易港。

（3）坚持绿色共赢，提高区域可持续发展能力。良好的区域生态环境是高质量发展的重要检验标准，优化区域空间布局要以提高区域可持续发展能力为重要原则之一，处理好"发展好"和"保护好"的关系。坚持主体功能区战略，实现区域生态环境联防联控、共治共享，保持高水平的可持续发展能力。坚持高水平推进以流域为牵引的"带状"区域经济布局，形成上中下游共享流域资源、共护流域生态的高质量发展经济带。

（4）坚持开放竞合，激活区域发展活力。各区域发挥不同的开放优势，高标准对接国际贸易投资规则，打造多个高水平对外开放平台，形成开放合作新局面和新优势。坚持国际开放和国内区域之间的开放同步推进，要素流动市场化便利化，推动建立统一市场，激活区域经济活力。在西部地区培育区域性中心城市，支持区域性中心城市提升创新能力，加强东部地区创新成果在欠发达地区的创新中心进行成果转化和产业化。

（5）坚持共享融合，实现区域共同富裕。推动区域基础设施共商共建共享，形成区域发展成果的共享机制，保障区域内发展的公平、发展成果惠及更多人群，破解发展不平衡不充分的矛盾。坚持将基本公共服务均等化作为首要任务，将增强区域发展能力作为重要手段，引导产业和人口的有序流动，使经济总量、人口和资源环境承载能力相适应，实现区域共同富裕。

三、优化区域经济空间布局的重点和方向

（一）优化能源资源等基础产业布局

1. 优化能源区域布局

我国能源富集区与能源负荷中心呈逆向分布，煤炭、油气以及水风光等可再生能源主要集中在西部地区，而能源消费地则为东部沿海地区，近年来中部地区能源需求也快速上升，“西煤东调”“北煤南运”“西气东输”“西电东送”一直是国家优化能源空间布局的重要战略，通过煤炭运输铁路、油气管网、跨省区输电工程建设等，保障区域能源供需的平衡。国家“十二五”“十三五”能源发展规划确定的国家综合能源基地和区域能源基地展示了我国能源生产的基本格局。山西、鄂尔多斯盆地、内蒙古东部地区、西南地区和新疆是五大国家综合能源基地，而宁夏宁东、甘肃陇东、安徽两淮、贵州毕节、陕西延安、内蒙古

呼伦贝尔、河北张家口则为区域能源基地。这种集中式、大基地的能源开发生产模式是实现能源安全高效、清洁低碳发展目标的重要选择。

基于我国能源资源的分布特点，结合我国“十四五”及更长一段时间能源发展规划和能源安全战略，推动东中西部和东北地区发挥各自比较优势，应构建安全高效、区际平衡的能源生产和供应系统。

（1）发挥西部地区的能源资源优势。一是建设大型能源生产和储备基地。未来一段时间我国能源结构调整任务艰巨，现有的能源基地大多集中在西部地区，继续开展石油天然气和新能源基地建设离不开西部地区高效的清洁能源生产能力。同时，与东部和中部地区土地资源稀缺程度相比，西部地区土地资源较为充裕，适合建设大型能源储备基地，包括煤炭储备和地下储气库建设等，这是国家能源安全的重要保障。二是大力推进可再生能源发展。支持西部地区提升清洁电力输送能力。按照国家碳达峰、碳中和的目标要求，到 2030 年，我国风电、太阳能发电总装机容量将达到 12 万亿千瓦以上，这意味着西电东送还要发挥更大作用，要加强通道建设，加强送端电源省份与受端用电省份、输电通道建设与配套电源建设的统筹协调，改变目前部分输电通道利率不高、可再生能源占比低等现状。为适应未来可再生能源大规模、高比例接入，须加大智能电网、储能技术研发。三是在坚持绿色有序发展的前提下，推动高载能行业向西部清洁能源优势地区集中。西部地区要高度重视能源本地消纳问题，一方面，外送通道建设存在很多不确定性因素；另一方面，近年来随着光伏、海上风电的快速发展，东部地区电源结构也可能很快面临调整，对外送电力的依赖可能会降低，在这种情况下，西部地区能源消纳需更多着眼本地，利用能源优势，带动相关产业的布局和发展。四是延伸产业链，提高能源产品附加值。在绿色低碳发展要求下，东部和中部地区化工产业发展空间将逐步萎缩，西部地区有机会建立起化石能源深加工产业链，推动化石能源深加工产业在能源富集区就地发展。

（2）提升东部和中部地区对低碳发展目标的贡献。东部和中部地区的能源消费需求占全国的2/3左右。在高质量发展阶段，东部和中部地区都面临更大的能源结构调整压力，但在这一发展阶段也有能力承担更多的低碳发展责任。一是提高新能源与可再生能源的消费占比。对于东部和中部地区来说，“十四五”时期分布式光伏将呈较快发展态势，实现平价上网。当前，我国分布式光伏发电占光伏发电总装机的30%左右，远低于发达国家80%以上的占比，仍有极大发展空间。随着海上风电成本的快速下降，再加上新能源汽车的发展、氢能的示范应用，东中部地区的能源结构将发生较大变化。二是适当提高能源消费强度目标要求。能源消费强度反映了一个地区的经济发展质量，是高质量发展的重要评价指标。从国际比较来看，2019年我国以占全球16.5%的GDP，消费了全球24.3%的能源，整体能效水平相比发达国家仍存在较大提升空间。特别是京津冀、长三角、粤港澳和成渝地区应率先示范，积极探索提升能源系统效率的解决方案，提高发展质量效益和国际竞争力。三是明确产业结构调整方向，控制“两高”项目发展，加快发展战略性新兴产业、现代服务业，率先实现碳达峰。

2. 优化原材料工业布局

根据《全国矿产资源规划（2016—2020年）》，目前全国共有103个重要的能源资源基地。从四大区域看，主要分布在中西部地区，特别是西部地区基地数量超过全国一半。无论是黑色金属资源基地、有色金属资源基地还是非金属矿产资源基地，西部地区均占据绝对优势。与以矿产资源作为基础原料的原材料工业分布情况基本一致。

从原材料工业的区域布局看，这类产业在中部地区相对比较集中。根据对国家新型工业化产业示范基地的统计，原材料工业相关示范基地共83家，其中钢铁产业12家、有色金属产业24家、石化产业30家、新材料产业14家、建材产业3家。西部地区除能源类工业外，其他类布局较少，这与西部地区相关产业尚处于产业链的中低端环节有关，由于消费市场在外，本地原材料的延伸加工难以形成具有竞争力的高端产品，影响了产业竞争力和产业布局。未来推动原材料工业的区域布局优化，一方面，要根据新一轮科技革命可能带来的对原材料工业的需求变化，有针对性地做好产业规划和空间布局，特别是对战略性新兴产业有重要支撑的矿产资源的开发要统筹谋划、合理规划，加强布局引导；另一方面，应积极支持西部地区打造有竞争力的原材料产业集群，依托国家新型工业化产业示范基地建设，支持西部地区的钢铁、石化、有色、建材等产业优化升级，并引导形成产业群集聚、延长产业链条等。发挥向西开放优势，推动西部地区原材料产品进入全球供应链体系。

（二）优化制造业布局

区域经济空间布局优化的重要基础是产业问题，其中制造业的布局和迁移趋势则是影响区域发展的关键因素。

1. 我国制造业区域布局的新特征

一是制造业份额呈现出东部沿海地区和东北地区下降、中西部地区提升的趋势。2007—2017 年，东部、东北地区的制造业份额分别下降了 11.29%、1.27%，相比之下，中部、西部地区的制造业占比分别上升了 8.95%、3.6%。二是制造业产业集中度不断下降，以不同要素密集程度划分的不同行业在空间集聚的差异性较大。劳动密集型产业加速从东部地区向中西部地区转移，在空间布局上更为均衡。资本密集型产业则更多受资本因素驱动，向发达地区集聚。以通用设备与专用设备制造业为例，两个行业集中度分别由 2007 年的 0.62、0.54 上升至 2017 年的 0.63、0.59。医药制造、电气机械、电子设备制造等技术密集型产业则呈现出先集中后分散的态势。三是东部发达省市主导产业的支柱作用不断凸显，而中西部省份则更多呈现出产业多元发展的态势。体现出发达省市加快淘汰落后产能、主导产业的支柱作用进一步增强，而中西部省份则在一定程度上打破了“一业独大”的发展格局，制造业门类朝更加均衡的方向发展。

2. 城市群内部制造业布局的调整优化问题

一是从产业迁移情况看，劳动密集型产业由核心城市向外围城市转移，资本与技术密集型产业则进一步向核心城市集聚，产业逐步形成优势互补、协调发展的格局。二是从产业集聚情况看，制造业从空间上进一步向城市群和核心城市集聚。三是从城市群内部产业结构调整情况看，核心城市主导产业不断强化，外围城市产业多元化程度不断提升。例如，长三角的核心城市上海、杭州、南京、合肥，产业结构非均衡性均呈显著的上升趋势，支柱产业的支撑作用不断凸显。相比之下，长三角城市群中的盐城、南通、安庆、嘉兴等周边城市的产业结构非均衡性则呈下降趋势，表明这些城市在积极承接产业转移的同时，也注重对新兴产业、未来产业的布局，产业多样化趋势明显。

3. 我国制造业区域布局存在的主要问题

一是同质化程度仍然较高，集中体现为相邻省市同质化竞争的不断增强。例如，北京与天津、上海与江苏、浙江与安徽等邻近省份的产业结构相似度较高。城市群内部邻近城市的产业结构相似度也较高，例如，在长三角城市群中，2017 年的数据显示，有超过 10 个城市的产业结构相似度呈现出上升态势，其中，合肥、无锡、南通、杭州、宁波等城市与整个长三角地区的产业结构相似度始终处于高位。产业同质化使区域内产业结构呈“块状分布”，导致产业效率较低、内部竞争消耗过大、竞争力低下等问题，不利于资源优化配置。二是多数核心城市能级不强、辐射带动能力较弱。除少数一线城市外，多数省市的核心城市发展水平仍然偏低，对周边城市的辐射带动能力不足，难以形成规模效应。从产业规模来看，2019 年我国仅有 17 个城市的 GDP 超过 10000 亿元，且主要集中在东南部沿海地区，2/3 的省份没有超过万亿级别的城市。从创新能力看，多数核心城市的产业链低端比重大、中高端比重小，缺乏科技含量高的产品，在长三角城市群的医药制造领域，中药与医药制造业占比达到 85. 15%，生物科技占比不足 5%；汽车制造领域整车制造业占比达到 69. 62%，关键零部件与设备占比不足 30%。产业链条单一性和不完整性将增加产业协同发展的难度，导致产业带动作用有限，产业难以形成内生发展能力，集聚效应较差。

4. “十四五”时期，优化我国制造业空间布局的措施

一是探索区域间以产业链为重点的分工合作方式。创新性地开展跨行政区的多种合作形式，在共建产业园区、实现税收分成、土地和能耗指标共担等方面大胆实验，找到解决“税收税源背离”问题的方法，形成风险共担、利益共享机制。二是加快基础设施建设，助力跨区域产业承接与转移。加强边境口岸及其连接线、沿边公路建设，鼓励相邻地区联合建立港口、机场、高铁站等重大设施。加快推进长三角等世界级城市群以及其他国家级和区域级城市群内主要城市之间形成互联互通的高铁或动车网络，推动中心城市的交通网络向周边中小城市延伸，提升都市圈、城市群的一体化水平。加大对中西部欠发达地区在信息网络基础设施建设、政务信息化建设、数字乡村建设以及信息服务业培育等领域的支持力度，弥补现有区位劣势，推动产业在更大的空间范围内进行优化布局。三是优化要素组合，构建以区域中心城市为主体的协同创新共同体。围绕国家产业体系的关键环节和重点领域，以区域中心城市为主体开展创新体系的联合布局，形成技术研发、技术产业化、人才培养等一体化的区域协同创新联合体，为国家产业链供应链安全提供保障。

（三）优化生态资源布局

生态文明建设是中华民族永续发展的根本大计。党的十八大以来，我国加强生态文明的法治建设和制度体系建设，生态优先、绿色发展的理念深入人心。我国主体功能区规划中，已经划定了保障国家生态安全的重要屏障，在不具备大规模高强度工业化、城镇化开发条件的地区，应在国家支持下把增强生态产品生产能力作为首要任务。除了国家重点

生态功能区、自然保护区和国家公园等国家层级跨省区的生态功能区外，各地方均有主要承担生态产品供应的各类生态功能区，在明确其功能定位的前提下，应有针对性地开展配套措施支撑工作，保障这些地区的可持续发展能力。“十四五”时期，推进生态文明建设，落实好“生态功能区把发展重点放到保护生态环境、提供生态产品上”的要求，需要充分把握好当前这个“有条件有能力解决生态环境突出问题的窗口期”。

一是促进经济社会发展全面绿色转型。推动高质量发展是“十四五”时期经济社会发展的主题，各地都面临不同程度的产业转型升级压力。“两山”理论发源地安吉是成功实现产业转型的重要案例。采矿业、竹制品加工业曾是安吉的支柱产业，但造成了严重的环境污染和生态破坏，安吉下大力气关停企业，复垦土地，实施“生态立县”战略，把“脏乱差”变成了“净绿美”。与此同时，生态优势显现出来，生态环境越好，对生产要素的吸引力、集聚力就越强，仅 2018 年就新增国家高新技术企业 37 家，省级高新技术研发中心 13 家。农民收入也显著提升，2005—2019 年安吉县农民人均纯收入增长了 5 倍多，城乡居民收入比持续缩小。2018 年 5 月，习近平总书记在全国生态环境保护大会上指出，我国经济已由高速增长阶段转向高质量发展阶段，需要跨越一些常规性和非常规性关口，我们必须咬紧牙关，爬过这个坡，迈过这道坎。促进经济社会绿色发展和产业绿色转型一定会经历阵痛期，须真正秉承“绿水青山就是金山银山”理念，坚持尊重自然、顺应自然、保护自然，度过阵痛期，才能迎来真正的高质量发展阶段。

二是完善生态补偿机制，保障生态功能区基本公共服务水平。生态补偿机制始终是平衡区域间公平发展的重要政策机制，要更好发挥机制的作用，保证承担更多生态功能地区的基本公平服务水平与全国相当。下一步，除了继续发挥好中央政府的作用外，要鼓励区域间探索更符合地区实际的、形式多样的生态补偿方式，最终形成中央政府与地方政府、各级地方政府之间权责利清晰的补偿体系。在完善生态补偿机制的过程中，仍需坚持生态系统的整体性原则，统筹规划和实施，探索将山水林田湖作为有机整体综合治理和施策，恢复生态功能；维护生态平衡。

三是探索建立流域综合治理机制。流域作为带状经济区，一般由相对发达的区域与相对不发达的区域结合构成，这些地区共享流域资源，发展关联性强，是发展权与保护责任矛盾最为突出的区域。经济带的形成在一定程度上可以优化相对落后区域的生产力布局，推动较大范围的区域协同发展。同时，流域上中下游共享流域水资源，但生态承载能力却差别极大，上游地区为水源地，承担着重要的生态功能；中游地区往往是粮食主产区，承担着粮食安全的重要功能；下游地区生态承载能力较强，往往经济发达。应支持探索建立上下游责任共担、利益共享的协调发展机制。同时，充分发挥市场机制作用，通过完善水价形成机制和加强水权管理等，提高流域水资源利用效率，提升水资源承载能力。

（四）优化公共资源布局

“十四五”时期，优化我国区域公共资源布局的着力点主要在交通设施、创新资源和基本公共服务三个方面。

1. 交通设施

我国综合交通网络已经基本形成，但基础设施各领域依然存在较为突出的区域不平衡性。中西部地区和东北地区的基础设施建设还有较大潜力；基础设施建设的城乡差距依然存在，无论是在传统的能源、交通、水利、通信产业方面还是在生态环境治理等方面均存在较大差距。不同地区与城乡之间的基础设施差距及由此产生的协调性发展不足的问题，如污水排放设施、人均能源消耗与供热、人均城市绿地等差异较大。另外，不同地区的基础设施社会效益与财务收益的差异性较大。我国基础设施投资过于依赖政府和国有商业银行贷款，部分地区发展的可持续性面临巨大挑战，中西部地区和东北地区基础设施建设的资金瓶颈问题突出，地方财政承担基础设施建设的大规模资本金需求有难度。

完善基础设施体系需突破瓶颈，弥补短板，因地制宜。在政策支撑方面，一要进一步厘清中央和地方政府责权利。在基础设施建设的规划编制、资金分配、融资分摊、利益分享、协调监管等方面，进一步明确中央和地方政府的分工和职责，形成统筹建设和协同监管能力。二要充分发挥财政资金引导作用。发挥好中央财政在重大基础设施、关键性战略安排上的支撑作用；用好政策性、开发性资金，为地方重大战略项目提供金融支持；对于地方基础设施建设面临的资金难题，可适度放宽专项债和企业债发行规模及要求。三要加强对地方基础设施规划及建设的科学评估，加强经济效益的考量和评价机制建设。

2. 创新资源

我国不同区域的创新资源布局差距明显。东部地区高等教育资源最为集中，北京、上海等地优质高校资源优势突出；东北、中部地区次之，东北的哈尔滨、长春、沈阳和大连，以及中部的武汉、安徽等地区的优质高校资源优势较为明显；西部地区水平最低，虽然西安、成都等部分西部城市具有较强的高校资源优势，但与其他较为落后的区域差距明显。国家重点实验室、国家工程研究中心等基础性研究机构的区域分布与高等教育的区域不平衡分布特征相类似。

促进区域间创新资源均衡。一是改善基础研发投入的结构。进一步改善基础研发投入主体结构，提高地方政府和企业基础性研发投入比例。完善国家重点实验室投入机制，促进与企业合作共建共享。进一步完善国家重点实验室经费多元化投入制度，建立健全与国际接轨的激励机制，更好地服务国家发展需要。鼓励各省级行政区域加强基础研发投入，完善中央与地方的基础研究财政投入机制。二是加强基础研发资源投入的科学布局。基础研发投入要考虑超前的战略部署，结合不同区域的科研配置情况，进一步强调基础研发投入的前瞻性和区域导向性。提高基础研发的投入水平，改善基础研发投入的结构。从总量上加大基础研发投入，引导北京、上海等一线城市进一步提高基础研发经费投入占比。进一步改善基础研发投入主体结构，提高地方政府和企业基础性研发投入比例。三是提升区域科创中心和服务平台打通成果转化“最后一公里”的能力，在创新成果转化、技术转移、产业化应用等环节创新合作方式。

3. 基本公共服务

促进区域与城乡的基本公共服务均等化任务艰巨。不同区域的基本供给不足和不平衡的矛盾在一定程度上依然存在，包括：医疗资源和医疗水平区域间差距大，需进一步通过基本公共服务的可及性给予解决；不同区域的农村基础教育可及性水平还有进一步上升的空间，在中西部地区甚至东部省份的个别地区，农村基础教育的办学条件、师资水平等尚未达到国家标准，相较满足民众期待还有一段距离；中西部较为落后地区的城乡社会保障可及性有待进一步加强。

健全基本公共服务清单制度，保障不同区域基本公共服务的可获得性。一是进一步夯实教育均等化基础，弥补基础教育可及性的不足。利用教育信息化技术平台，实现东部地区对中西部地区、城市对农村的基础教育资源共享。因地因人施策，着力避免在中西部、东北地区，甚至部分东部贫困地区因贫失学辍学、因基础设施不完善失学辍学等问题的发生。提高职业教育质量，为边远山区和贫困地区的孩子提供职业教育机会，为中西部地区承接东部地区产业转移创造条件。二是实现基本医疗卫生服务均等化，努力推进基本医疗资源的可及性。推动区域医疗卫生事业协调发展，更好利用“互联网 + 医疗服务”技术手段，构建基本公共服务供需平台，促进东部地区对中西部医疗资源落后地区的医疗支援体系建设。

参考文献

[1]魏后凯．促进区域协调发展的路径分析[N]．经济日报,2021-03-18.

[2]韩永文,马庆斌,陈妍．完善体制机制和创新政策体系,加快落实区域协调发展战略[J]．中国发展观察,2020(7-8).

[3]马庆斌,陈妍．发挥新型城镇化对新发展格局的战略支撑作用[J]．中国发展观察,2020(24).

[4]刘洪愧,刘霞辉．构建开放型经济新空间布局:理论基础、历史实践与可行路径[J]．改革,2019(1).

[5]刘明,王霞．中国制造业空间转移趋势及其影响因素:2007—2017[J]．数量经济技术经济研究,2020(3).

[6]刘志彪．建设长三角全球产业链集群[N]．社会科学报,2020-07-02.

[7]罗胤晨,谷人旭.1980-2011年中国制造业空间集聚格局及其演变趋势[J]．经济地理,2014(7).

[8]马燕坤,张雪领．中国城市群产业分工的影响因素及发展对策[J]．区域经济评论,2019(6).

[9]陈妍．完善生态补偿机制,促进区域协调发展[J]．科技中国,2020(12).

[10]梅冠群．交通基础设施高质量发展研究[J]．全球化,2019(7).

目 录
CONTENTS

第一章

优化区域经济空间布局的背景分析

优化区域经济空间布局是国土空间治理的重要内容，是国家治理能力和治理体系的重要组成部分。健全国土空间开发保护制度、健全国土空间规划体系、发挥地区比较优势形成高质量发展的空间布局等已成为国家现代化建设的重要内容。2019 年，习近平总书记在《求是》杂志发表的署名文章《推动形成优势互补高质量发展的区域经济布局》中提出，我国经济发展的空间结构正在发生深刻变化，要在按照客观经济规律调整完善区域经济政策的前提下，发挥各地区比较优势，增强中心城市和城市群等经济发展优势区域的经济和人口承载能力，增强其他地区在保障粮食安全、生态安全、边疆安全等方面的功能，形成优势互补、高质量发展的区域经济布局。这对于优化区域经济空间布局具有指导意义。当前复杂多变的国际形势叠加疫情对全球经济的冲击，为我国经济高质量发展带来新的难题。在百年未有之大变局下，加快构建以国内大循环为主体、国内国际双循环相互促进的新发展格局是现代化建设的新命题。面对日益严峻的国际国内经济形势，为满足高质量发展的内在需求，我们应从长远考虑，对优化我国区域经济空间布局提出新的战略思路。

一、优化区域经济空间布局是适应全球产业链格局变化的需要

2008 年以来，受国际金融危机、新一轮科技革命和产业变革及世界各国普遍采取结构性改革等因素的综合影响，全球的产业链、供应

链、价值链正在发生重大变化。其中，尤为值得注意的是，在贸易、投资和技术保护主义及以人工智能、云计算、大数据、物联网为代表的新科技革命共同作用下，原本以国际工序分工或产品内分工合作为代表的全球“三链”的制度基础、技术基础和综合物流基础，正在发生着深刻变化。

（一）贸易保护主义打破全球“三链”格局，“分散化”趋势上升

美日欧等经贸大国或地区纷纷采取贸易保护主义手段，为跨境贸易、投资和产业合作制造各种人为障碍，造成全球性连锁反应，给世界贸易格局带来以下新变化：首先，贸易战博弈的主战场是在大国之间竖起一道道关税墙、科技墙、断供墙。当出口企业遇到关税墙时，将被迫走上原产地多元化和出口市场多元化之路，选择一些没有受贸易壁垒影响、物流方便、区位优势合适的中小国家做出口替代。否则，将会失去美国等大市场。其次，发达国家之间的贸易战威胁将促使同等发达程度的国家之间加速零关税、零壁垒的对等开放。这样一来，国际市场格局将进一步碎片化。

（二）“排他性”区域协议兴起，全球“三链”“区域化”趋势增强

“排他性”区域协议如美墨加协议、日欧 EPA①、美日贸易协议谈判、CPTPP② 等。排他性的区域协定会对全球“三链”布局产生重大影响。如美墨加协议中的原产地规则中更高的本地含量要求、毒丸条款等，都会割裂全球“三链”市场配置资源的内在联系。传统规避策略是通过对外投资而不是贸易方式介入排他性区域市场，然而投资保护主

① 日欧 EPA，日欧自贸协定（Economic Partnership Agreement，EPA）。

② CPTPP，全面与进步跨太平洋伙伴关系协定（Comprehensive and Progressive Agreement for Trans - Pacific Partnership，CPTPP）。

义正在制约这种策略成功的可能性。区域和双边自贸安排重要性地位上升，美国等位于产业链、价值链高端的国家对区域/双边贸易安排的主导能力明显提高，这将带来全球经济效率损失和全球整体福利水平下降。

（三）新兴大国和发展中国家产业国际竞争力显著上升，全球“三链”“本地化”布局趋势上升

当前，美欧国家在全球产业链中的高端地位有所下降，包括重振制造业、重振科技创新、重振出口竞争力的战略实施效果进展缓慢；全球大跨国公司的跨国经营面对东道国企业遭遇前所未有的竞争和挑战；为解决本国产业空心化问题而鼓励投资进入产业链中低端的措施，也加剧了国外进口冲击的国内矛盾。另外，随着全球互联网能力、数字经济基础设施快速发展，以及全球服务贸易占比快速提升，出现了一批新兴经济体企业集团进入全球产业链中高端的新态势，尤其是人工智能、3D打印、物联网、云计算、大数据等新技术、新业态、新模式的开发和应用，提升了满足分散化、个性化、本地化需求的能力，进一步促进了全球“三链”本地化趋势。

（四）大国博弈态势加剧，中美在全球“三链”中的战略格局面临深刻调整

中美两国是世界最大的两个经济体，在全球“三链”中占据举足轻重的地位。当前及未来，中美两国在经贸领域的全球治理规则、高科技和新兴产业发展、经济发展模式等方面的竞争更加突出，美国以各种手段限制对华贸易、投资、技术交流和人员交往等，甚至拉拢一些发达经济体追随美国的对华政策，目标是打断对中国的供应链，将中国锁定在价值链中低端，阻断中国迈向价值链中高端进程。这将会成为美国围堵和遏制中国发展的常态，在未来较长时期将会是中美博弈的常态。与此同时，全球化格局下市场原则推动的经贸合作仍将在资本主导下持续推进，中国巨大的国内市场和完善的产业配套能力对国际资本仍具有极大吸引力，美资企业不会轻易放弃中国的市场发展机遇，产业互补和合作进程仍将继续。总体来看，中美斗而不破格局将会长期存在，但中国制造业迈向价值链中高端和实现产业链提升的要求更加紧迫。

（五）新产业技术变革酝酿，将给全球产业链调整注入新动力

全球新一轮科技革命和产业变革已经来临，核心技术不断有所突破，新产业、新业态已现端倪。新一代通信、人工智能、机器人、生物医药、新能源、新材料等产业，以及 3D 打印、大数据、云计算、网络化智能化生产等新技术，有可能在短期内出现群体性突破，形成爆发式变革，并从根本上重塑生产生活方式和经济技术范式，对全球产业分工和长期发展产生深远影响。例如，一批新产业、新产品、新服务、新业态、新模式将出现，新供给将创造出新需求，形成经济发展新动力；一些新技术（如 5G 技术）不但将影响整个产业链，而且将引发生产和消费模式的大变革；机器人技术将替代劳动力，不但对低端就业市场造成冲击，而且传统的劳动密集型产业也将转为资本技术密集型产业，价值链“微笑曲线”将拉平，不同国家资源禀赋优势将随之改变，劳动密集型国家承接产业转移的不确定性增加；网络化智能化制造技术将使小批量定制化生产成为可能，对依托规模经济效应的大规模国际分工方式造成冲击，大规模生产制造基地可能裂变为若干中小规模的生产基地；大数据网络化发展使物流、研发、国际性服务贸易快速发展，20 世纪 80 年代，全球贸易中 95% 是货物贸易，服务贸易只占 5%，而目前全球服务贸易占比达 30%，货物贸易占 70%，货物贸易中中间品贸易又占 70%；基因测序、基因编辑等生物技术将使人类寿命进一步延长，劳动力结构发生巨大变化。

（六）新冠肺炎疫情使各国愈加重视“三链”安全性和韧性

新冠肺炎疫情以后，越来越多的国家会把确保供应链国家安全上升

为重大系统性风险应对战略加以实施。这次疫情影响有一个特点，参与全球化工序分工体系越深、技术和产业复杂性越高、供应链越长、对全球综合物流网络依赖越大的行业，受影响越大。因此，预期疫情以后，战略性产业供应链回归本土、一些行业供应链布局的安全考量高于效率考量、强调关键核心环节自给自足将成为新趋势，并制定相关法律法规加以实施和保证。

世界大国显著加强供应链的“国家干预”能力。例如，特朗普政府紧急启动《国防生产法案》力保战略物资生产本土化；法国拟考虑动用国有化等干预措施保护受威胁大型企业或重要经济资产，这些临时性措施很可能被长期化、制度化，这使得2020年有可能成为政府作用提升的标志性一年。这是类似于1934年罗斯福新政和1936年凯恩斯革命，以及1980年里根、撒切尔夫人新政和新自由主义理论政策回潮的又一次理论政策导向的大调整。

二、优化区域经济空间布局是高质量发展的内在需求

（一）发展不充分带来的发挥增长极带动作用需求

我国经济发展的空间结构正在发生深刻变化，中心城市和城市群正在成为承载发展要素的主要空间形式。区域发展的不平衡，需要通过率先发展中心城市，形成集聚效应，再通过辐射带动周边的中小城市和小城镇发展来解决。要破除一切阻碍各种生产要素合理流动的障碍，促进资金、人才和资源按市场规则有序重组，提高要素组合的效率。培育形成区域经济发展增长点和增长极，需进一步发挥中心城市和城市群的带动作用，通过“增长极”的形成而产生巨大的“辐射效能”，推动区域经济协调发展。

（二）比较优势不同带来的差异化功能定位需求

“绿水青山就是金山银山”“中国人的饭碗任何时候都要牢牢端在

自己的手上”，生态环境、粮食安全是事关人民生计和国家安全的大事。过去在发展过程中，生态和农业曾向经济发展做出一定让步，在一定时期起到了积极作用。在党的十八届五中全会上，习近平总书记提出创新、协调、绿色、开放、共享五大发展理念，将绿色发展作为关系我国发展全局的一个重要理念，体现了我们党对经济社会发展规律认识的深化。绿水青山既是自然财富、生态财富，又是社会财富、经济财富。各区域产业布局，无论是空间结构还是发展模式，都应兼顾好生态、粮食和国防等多方面因素，这不仅是经济可持续发展的要求，还是国家安全的战略要求。区域发展应立足资源环境承载能力，发挥各地比较优势，逐步形成城市化地区、农产品主产区、生态功能区三大空间格局。农产品主产区增强农业生产能力，生态功能区把发展重点放到保护生态环境、提供生态产品上，城市化地区则高效集聚经济和人口，兼顾满足生态、粮食和国防等多方面的安全需要。

（三）疫情冲击下亟须增强区域经济韧性和弹性的需求

疫情后，各国愈加重视产业链供应链的安全性，我国经济快速恢复，也部分得益于较为完善的产业体系，体现了我国经济的韧性和弹性。进一步增强区域经济的韧性和弹性，需要着重考虑以下几个方面：一是统筹好三大产业发展的关系。避免出现农业弱化、制造业空心化、经济过度服务化等倾向。预防在遭受重大风险时出现“手中无粮”“手中无物”的情况，筑牢抵御重大风险冲击的物质基础。二是统筹好专业化发展与综合发展的关系。在发展模式上，应保持区域产业结构的多样性，营造良好的产业生态。若产业过度专业化，则可能导致韧性较弱，降低应对重大风险的能力。三是统筹好空间集聚与分散的关系，注意保持区域的协调发展。防止因少数经济集聚区在重大风险冲击下受损严重而导致有关区域甚至整个国家丧失经济恢复能力。四是统筹好几个市场的关系。如统筹好主要市场与次要市场、本地市场与区外市场、国内市场与国外市场的关系，避免过度依赖某单一市场。五是统筹好引进技术与自主创新的关系。大力发展自主创新，避免对引进技术的过度依赖。对于区域内的主导产业、支柱产业和战略性新兴产业，应保障自主研发核心技术、掌握关键元器件，避免“卡脖子”情况的发生。六是统筹推进各类型企业发展。培育企业集群，以龙头企业带动中小企业发展，推动构筑完整的上下游企业链。

（四）推动稳定安全的开放型经济新体系的需求

构建以国内循环为主、国际国内互促的双循环，建立稳定而安全的开放型新体系是重要的一环。优化区域经济空间布局，需要考虑推动扩大开放和稳定安全发展之间的平衡。过度追求对外贸易的数量增长既不可行也无必要。新形势下，开放型经济新体系除高质量、结构平衡之外，还应注重稳定安全的合理布局。优化区域经济空间布局需要考虑解决以下几个需求：一是发展我国服务贸易国际竞争力的需求，推动区域服务贸易和货物贸易均衡发展；二是进一步提高我国在全球价值链中的位置，向中高端迈进；三是稳步推进中西部地区的对外开放，发挥好其在对外贸易中的比较优势；四是积极布局“走出去”，发挥各区域经济特色，稳步构建并完善我国在世界经济地理中的战略布局。

三、优化区域经济空间布局是新发展格局的重要支撑

党的十九届五中全会深入分析了我国发展环境面临的深刻复杂变化，审议通过了《中共中央关于制定国民经济和社会发展第十四个五年规划和二〇三五年远景目标的建议》，强调了构建国际国内双循环新发展格局的重大战略任务。新发展阶段，国际形势更趋错综复杂，国内改革发展稳定任务艰巨繁重。新发展阶段，构建国际国内双循环新发展格局面临时代背景新变化和国内经济调整新形势。优化区域经济空间布局，是应对国际变局和推动国内经济恢复、构建双循环新发展格局的必由之路。

（一）科技创新对区域经济的影响日益凸显

“十四五”规划建议提出，要坚持创新在我国现代化建设中的核心地位。随着劳动年龄人口逐年下降，我国人口数量红利正在加快转向质量红利，劳动和资本要素投入对经济增长的驱动作用进一步减弱，数据、信息、人力资本等新要素和全要素生产率贡献将继续提升。支撑经济发展的主要驱动力已由生产要素大规模高强度投入转向科技创新和人力资本提升，创新的核心驱动力趋势显著。一要看到全球秩序正在加速变革，中国提升治理现代化能力日益重要。新发展阶段，国际体系与世界力量对比呈现出“东升西降”趋势。新兴经济体和发展中国家群体正在崛起，世界经济中心正在向亚太转移。二要关注大国关系变化，特别是中美关系，抓住战略机遇期成为重点。中国经济总量同美国日趋接近，美国对中国战略遏制逐渐升级，且可能持续相当长一段时间。三要认识到科学技术对生产方式、社会结构和生活方式的深刻影响。信息传输技术的进步、范围的扩大，让社会分工更为灵活，科技变革成为区域协同发展的重要抓手。

（二）扩大内需对优化区域经济布局日益重要

新冠肺炎疫情暴发以来，消费需求大幅度萎缩，虽然线上购物和娱乐短期内出现了增长，但线下产业受到较大冲击，整体需求下降明显。居民线下购物、在外就餐、亲朋聚会、外出旅游、文体娱乐等消费活动大量减少。近年来，我国社会总需求已逐步转变为以消费拉动为主的模式，如果现阶段无法提升居民个人消费的实际占比，受长期悲观情绪的影响，消费者对市场恢复的信心将大幅下降，个人消费的比重有可能在一段时间内无法恢复，影响内需拉动作用。同时，贸易受到较大冲击。中国处于全球加工制造核心环节，美欧日均为我国出口主要市场与零部件来源地。其中，我国对欧盟零部件进口依赖度最高（8%），随后依次为日本（7%）及美国（6%）。考虑到全球三大供应链均受疫情影响较大，特别是产业链、供应链协同化特征，一处停工，全球停摆，海外回溯效应可能时间更长、影响更大。当前欧美疫情加剧，导致中国工厂复工后订单大幅减少，外贸退单潮显现。而且这波退单潮不仅局限在欧美，拉美、东南亚的订单也接连取消，纺织服装、家具、家电、部分机电设备、金属制品等行业压力较大，抗风险能力较弱，对出口贡献较大的民营企业面临更大的生存压力与裁员压力。新发展阶段，外需对经济增长的作用将有所弱化，在劳动收入提高、社会保障日趋完善的背景下，消费需求仍将是带动经济发展的主要力量。

（三）优化产业链供应链区域布局日益重要

此次疫情，我国产业链供应链受到较大冲击。一是各地以抗击疫情为主，封闭、隔离措施直接影响了“双链”总体布局；二是受人员返城复工迟缓及其他防疫措施影响，一些企业未复工，大多企业虽复工但未达产，经济循环不畅，企业生产能力难以有效发挥；三是物流阻断影响各地原材料运送。在全球产业链供应链联动影响下，我国“双链”暴露出了几大不足。一是国内产业集群地域优势发挥不足，产业链不协调、不同步现象凸显，复工不复产、复产不续产、续产不高产的现象较严重；二是与国际产业链接轨不足、匹配不足和融通协同不足，原因在于，我们对传统产业转型升级重视不够，新兴产业存在重复雷同现象，工业设计、电子商务等生产性服务业有低端化趋势；三是制造业核心环节或核心领域创新不足，特别是关键核心技术被垄断、被掐断，研发投入强度与欧美国家仍有较大差距，产业链、供应链尚未形成闭环，在关键环节可能出现被“卡脖子”的问题。由于中国在全球“双链”中居于重要位置，我国“双链”的变化也会进一步影响全球“双链”。我国制造业出现短暂“休克”，发达国家的高端中间品可能会出现短期过剩，依赖我国出口产品的下游市场生产也会受到影响，如电子、汽车、制药等产业。此次疫情暴露出我国制造业存在的短板，以及外贸订单减少带来的冲击，亟须推动“双链”升级改造，打造开放、稳定、安全且相对独立的“双链”。

（四）区域差异化有助于宏观政策取得更好成效

为推动经济加快恢复，中央采取灵活的货币政策搭配积极的财政政策。2020 年 3 月 27 日召开的中共中央政治局会议提出发行特别国债，加大地方政府专项债规模，适当提高政府赤字。同年 5 月 22 日李克强总理在政府工作报告中提出，今年赤字率拟按 3.6% 以上安排，财政赤字规模比上年增加 1 万亿元，同时发行 1 万亿元抗疫特别国债。据财政部公告，1 万亿元抗疫特别国债已发放到位。搭配充实流动性和较大幅度降息等货币政策，资金将迅速发挥作用，特别是对困难企业和民生的救助。同时，中央提出推动“新基建”，引领扩大消费投资内需；支持企业出口转内销，缓解出口企业困境；推出阶段性减税降费、增加金融专项贷款和再贷款等一系列政策，在保产能、救企业、稳就业等方面发挥了重要作用。优化区域经济空间布局、推动区域协调发展，是稳定经济运行、打造国际国内双循环新发展格局的必由之路和重要抓手。

执笔人：崔璨、李丹

第二章

优化区域经济空间布局视角下的生产力布局研究

生产力布局是使土地、劳动力、资本、技术等生产力要素和交通设施、重大项目等布局更加合理，从而引导每一个区域内部行政主体能够在符合区域最优化发展的前提下实现自身的最优发展，并服务于各阶段我国经济稳定发展的要求。

一、我国区域生产力布局的现状分析

（一）四大板块

改革开放以来，我国相继实施东部率先、西部开发、东北振兴和中部崛起四大战略，这也是对国土面积全覆盖的区域发展战略。通过党的十八大以来东部、中部、西部和东北地区三大产业的生产总值及其占该地区生产总值比重的变化，可了解四大板块产业布局的基本情况。

1. 东部地区

东部地区是我国改革开放的先行区，区位优势明显，在全国经济发展中始终发挥引领作用。东部地区作为我国经济最发达、创新资源最集中的地区，代表着国家的创新能力和国际竞争力。2019 年，东部地区生产总值为 51.1 万亿元，占全国经济总量的一半以上。地方财政一般预算收入和社会消费品零售总额指标也都占全国经济总量的一半以上，进出口总额达到全国的 80% 以上（见表 2.1）。2018 年东部地区城镇居民人均可支配收入 45427.65 元，农村居民人均可支配收入 18108.26 元，同比分别提升 7.95% 和 8.59%；2015—2018 年东部地区城乡居民人均可支配收入比分别为2.54、2.53、2.52、2.51。东部地区城乡居民人均可支配收入的绝对数值逐年递增，城乡居民人均可支配收入的比值逐年下降。

表2.1　2019年东部地区主要社会经济指标

地区	年末常住人口/万人	GDP/亿元	地方财政一般预算收入/亿元	社会消费品零售总额/亿元	境内目的地和货源地进出口总额/亿美元	城镇居民人均可支配收入/元	农村居民人均可支配收入/元
北京	2154	35371.28	5817.1	12270.1	1122.29	73848.51	28928.43
天津	1562	14104.28	2410.25	5516.1	1363.66	46118.89	24804.11
河北	7592	35104.52	3742.67	17934.2	946.54	35737.68	15373.08
上海	2428	38155.32	7165.1	13497.2	4733.60	73615.32	33195.2
江苏	8070	99631.52	8802.36	35291.2	6785.08	51056.11	22675.42
浙江	5850	62351.74	7048	27176.4	4517.20	60182.29	29875.82
福建	3973	42395	3052.72	15749.7	1747.57	45620.46	19568.35
山东	10070	71067.53	6526.64	35770.6	3580.28	42329.23	17775.46
广东	11521	107671	12651.46	42664.5	11837.05	48117.55	18818.42
海南	945	5308.93	814.13	1808.3	171.73	36016.7	15113.15
东部地区	54165	511161	58030.43	207678.3	36805	—	—
全国占比	38.58%	51.71%	57.41%	50.45%	80.43%	—	—

资料来源：国家统计局网站。

东部地区第一、第二产业所占比重逐年下降，第三产业所占比重逐年上升，产业结构越来越合理。2013年东部地区第一产业生产总值为19237.03亿元（占比为5.92%），2019年生产总值为23459.19亿元（占比为4.59%），总值增长21.95%，但是占比下降近1.5个百分点；再看第二产业，2013年生产总值为149955.33亿元（占比为46.17%），2019年生产总值为198955.89亿元（占比为38.92%），总值增长32.68%，但是占比下降7.25个百分点；第三产业则与第一、第二产业不同，2013年第三产业生产总值为155572.68亿元（占比为47.90%），

2019 年生产总值为 288746.11 亿元（占比为 56.49%），总值增长 85.6%，占比上升近 8.6 个百分点（见表 2.2）。

表 2.2　东部地区产业结构及其发展水平（2013—2019 年）

年份	第一产业		第二产业		第三产业		合计
	生产总值/亿元	比重/%	生产总值/亿元	比重/%	生产总值/亿元	比重/%	生产总值/亿元
2013	19237.03	5.92	149955.33	46.17	155572.68	47.90	324765.04
2014	20131.62	5.75	159085.96	45.44	170883.29	48.81	350100.87
2015	21014.7	5.63	162420.93	43.55	189547.04	50.82	372982.67
2016	21929.72	5.35	173445.86	42.28	214810.86	52.37	410186.44
2017	21131.34	4.72	186285.72	41.60	240418.41	53.68	447835.47
2018	22008.73	4.62	189838	39.85	264531.54	55.53	476378.27
2019	23459.19	4.59	198955.89	38.92	288746.11	56.49	511161.19

资料来源：国家统计局网站和笔者计算。

2. 中部地区

中部地区是我国重要的农产品、能源、原材料和装备制造业基地。2019 年，中部地区生产总值占全国比重为 22.2%（见表 2.3），虽远低于东部地区，但地区生产总值同比增速为 8.84%，社会消费品零售总额同比增速为 10.21%，均居“四大板块”首位，为支撑全国经济稳定增长做出重要贡献。特别是《促进中部地区崛起规划（2016—2025 年）》颁布以来，中部地区制造业获得空前发展，制造业总产值占全国比重从 2006 年的 12.7% 提高到 2018 年的 25.0%。先进制造业的迅速发展，使得中部地区成为我国经济发展新的增长极。

表 2.3　2019 年中部地区主要社会经济指标

地区	年末常住人口/万人	GDP/亿元	地方财政一般预算收入/亿元	社会消费品零售总额/亿元	境内目的地和货源地进出口总额/亿美元	城镇居民人均可支配收入/元	农村居民人均可支配收入/元
山西	3729	17026.68	2347.56	7909.2	228.50	33262.37	12902.36
安徽	6366	37113.98	3182.54	13377.7	637.94	37540.04	15415.96
江西	4666	24757.5	2486.51	8421.6	443.91	36545.9	15796.29
河南	9640	54259.2	4041.6	22733	879.84	34200.97	15163.75
湖北	5927	45828.31	3388.39	20224.2	537.50	37601.36	16390.86
湖南	6918	39752.12	3006.99	17239.5	421.33	39841.93	15394.79
中部地区	37246	218737.79	18453.59	89905.2	3149.02	—	—
全国占比	26.53%	22.20%	18.26%	22.12%	6.88%	—	—

资料来源：国家统计局网站。

中部地区的产业结构也呈现第一、第二产业所占比重逐年下降，第三产业所占比重逐年上升的状态，产业结构越来越合理。2013 年第一产业生产总值为 14589.95 亿元（占比为 11.41%），2019 年生产总值为 17889.42 亿元（占比为 8.18%），总值增长 22.61%，但是占比下降近 3.3 个百分点；再看第二产业，第二产业生产总值为 64799.63 亿元（占比为 50.66%），2019 年生产总值为 91382.21 亿元（占比为 41.78%），总值增长 41.02%，但是占比下降近 9 个百分点；第三产业则与第一、第二产业不同，2013 年生产总值为 48519.99 亿元（占比为 37.93%），2019 年生产总值为 109466.16 亿元（占比为 50.04%），总值增长 125.61%，占比上升 12 个百分点（见表 2.4）。

表 2.4　中部地区产业结构及其发展水平（2013—2019 年）

年份	第一产业		第二产业		第三产业		合计
	生产总值/亿元	比重/%	生产总值/亿元	比重/%	生产总值/亿元	比重/%	生产总值/亿元
2013	14589.95	11.41	64799.63	50.66	48519.99	37.93	127909.57
2014	15350.65	11.07	68770.53	49.59	54558.46	39.34	138679.64
2015	15863.85	10.80	68784.42	46.81	62302.19	42.40	146950.46
2016	16780.94	10.45	72951.48	45.41	70913.15	44.14	160645.57
2017	15803.34	8.95	79937.91	45.29	80745.36	45.75	176486.61
2018	16199.55	8.06	84766.6	42.18	100006.92	49.76	200973.07
2019	17889.42	8.18	91382.21	41.78	109466.16	50.04	218737.79

资料来源：国家统计局网站和笔者计算。

3. 西部地区

西部地区是我国经济发展的后备地区，虽然地区生产总值较低，但从2007年起，西部地区生产总值增速开始超过东部地区，并一直持续，2019年，西部地区生产总值占全国的20.82%，地方财政一般预算收入和社会消费品零售总额指标分别占全国经济总量的19.35%和18.74%，进出口总额占全国的8.8%（见表2.5）。此外，西部地区对我国的生态安全和边境安全发挥着重要作用，是我国全面扩大开放的重要通道。

表 2.5　2019 年西部地区主要社会经济指标

地区	年末常住人口/万人	GDP/亿元	地方财政一般预算收入/亿元	社会消费品零售总额/亿元	境内目的地和货源地进出口总额/亿美元	城镇居民人均可支配收入/元	农村居民人均可支配收入/元
内蒙古	2540	17212.53	2059.74	7610.6	201.14	40782.46	15282.82
广西	4960	21237.14	1811.89	8873	653.35	34744.87	13675.73
重庆	3124	23605.77	2134.88	8667.3	755.77	37938.59	15133.27
四川	8375	46615.82	4070.69	20144.3	1040.59	36153.73	14670.09
贵州	3623	16769.34	1767.36	4174.2	69.42	34404.17	10756.3
云南	4858	23223.75	2073.53	7539.2	334.47	36237.68	11902.37

续表

地区	年末常住人口/万人	GDP/亿元	地方财政一般预算收入/亿元	社会消费品零售总额/亿元	境内目的地和货源地进出口总额/亿美元	城镇居民人均可支配收入/元	农村居民人均可支配收入/元
西藏	351	1697.82	222	649.3	6.17	37409.97	12950.99
陕西	3876	25793.17	2287.73	9598.7	490.88	36098.21	12325.66
甘肃	2647	8718.3	850.23	3692.4	53.72	32323.45	9628.94
青海	608	2965.95	282.14	880.8	4.84	33830.33	11499.36
宁夏	695	3748.48	423.55	984.5	41.92	34328.45	12858.39
新疆	2523	13597.11	1577.6	3361.6	372.81	34663.73	13121.66
西部地区	38180	205185.18	19561.34	76175.9	4025.08	—	—
全国占比	27.20%	20.82%	19.35%	18.74%	8.8%	—	—

资料来源：国家统计局网站。

但是，西部地区的内部分化现象在近几年表现愈加明显，值得引起重视。特别是西南地区的四川、重庆和贵州等地增长速度位于全国前列，初步形成不少特色产业，成为未来我国经济发展最具潜力的区域之一。反观西北地区发展速度和质量都不如西南地区，根据国家统计局的数据，2019 年，西北 6 个省份（陕西、甘肃、宁夏、青海、新疆、内蒙古）GDP 总和为72035.54 亿元，西南6 个省份（四川、重庆、贵州、云南、广西、西藏）GDP 总和为133149.64 亿元，西南地区面积仅为西北地区的60%，常住人口却是西北地区的1.96 倍；而西北地区的 GDP 也只有西南地区的54%，两个区域之间差异相当大。西南 6 个省份中，除西藏 GDP 很低以外，其他都在万亿元以上，四川更是位列全国十大省份之内；而西北地区除陕西、内蒙古、新疆三地 GDP 达到万亿元，其他3 个省份都不足万亿元，宁夏、青海甚至不足5000 亿元，仅和东部地区一个普通地级市相当。2019 年，西南 6 个省份除了广西和四川的增速分别为8.20%和8.66%以外，其他地区都在9.0%以上，远远高于全国平均增速（7.79%）；而云南甚至有高达两位数的增长率，虽然与其基数低有关，但同时也说明西南地区经济发展已经开始大幅度加快。而西北地区，最快的是青海，增速达到7.9%，其他均在全国平均增速以下，内蒙古、宁夏和新疆的增速均在7.0%以下。整体来看，西北地区与西南地区相比差距日益扩大。

西部地区也呈现出与东部、中部地区一致的情况，并且西部地区第一产业所占比重普遍高于东部、中部地区。2013年第一产业生产总值为15337.71亿元（占比为12.08%），2019年生产总值为22470.94亿元（占比为10.95%）。再看第二产业，2013年第二产业生产总值为61271.55亿元（占比为48.26%），2019年第二产业生产总值为77797.27亿元（占比为37.92%），总值增长26.97%，但是占比下降近11个百分点。再看第三产业，第三产业生产总值由2013年的50346.92亿元（占比为39.66%），上升至2019年的104916.97亿元（占比为51.13%），总值增长108.39%，占比上升11个百分点（见表2.6）。

表2.6　西部地区产业结构及其发展水平（2013—2019年）

年份	第一产业		第二产业		第三产业		合计
	生产总值/亿元	比重/%	生产总值/亿元	比重/%	生产总值/亿元	比重/%	生产总值/亿元
2013	15337.71	12.08	61271.55	48.26	50346.92	39.66	126956.18
2014	16432.75	11.90	65440.52	47.39	56226.52	40.71	138099.79
2015	17362.24	11.97	64735.9	44.64	62920.78	43.39	145018.92
2016	18612.84	11.87	67355.7	42.95	70859.63	45.18	156828.17
2017	19201.94	11.39	69428.57	41.19	79931.06	47.42	168561.57
2018	20356.72	10.76	72499.8	38.33	96298.72	50.91	189155.24
2019	22470.94	10.95	77797.27	37.92	104916.97	51.13	205185.18

资料来源：国家统计局网站和笔者计算。

4. 东北地区

东北地区包括辽宁、吉林、黑龙江三省和内蒙古东部地区（赤峰市、兴安市、通辽市、锡林郭勒盟、呼伦贝尔市)①，土地面积为126万平方公里，占全国土地面积的13%。2019年，东北地区GDP总量为50248.95亿元，占全国的5.1%；常住人口1.08亿，占全国总人口的7.69%；地方财政一般预算收入和社会消费品零售总额指标分别占全国经济总量的4.98%和8.04%，境内目的地和货源地进出口总额占全国的3.89%（见表2.7）。

表2.7　2019年东北地区主要社会经济指标

地区	年末常住人口/万人	GDP/亿元	地方财政一般预算收入/亿元	社会消费品零售总额/亿元	境内目的地和货源地进出口总额/亿美元	城镇居民人均可支配收入/元	农村居民人均纯收入/元
辽宁	4352	24909.45	2651.96	15008.6	1337.22	39777.2	16108.29
吉林	2691	11726.82	1116.86	7777.2	192.39	32299.18	14936.05
黑龙江	3751	13612.68	1262.64	9898.4	248.78	30944.62	14982.14
东北地区	10794	50248.95	5031.46	32684.2	1778.39	—	—
全国占比	7.69%	5.10%	4.98%	8.04%	3.89%	—	—

资料来源：国家统计局网站。

东北地区与前三个地区不同，第一产业占比上升，第二产业占比下降较快，而第三产业占比有较大提升。2013年第一产业生产总值为6157.01亿元（占比为11.25%），2019年生产总值为6647.54亿元（占比为13.23%），总值增长7.97%，占比上升近2个百分点；再看第二产业，2013年生产总值为26682.58亿元（占比为48.77%），2019年生产总值为17281.27亿元（占比为34.39%），生产总值下降较多，下降35.23%，占比也下降14个百分点；再看第三产业，2013年第三产业生产总值为21874.94亿元（占比为39.98%），2019年生产总值为26320.14亿元（占比为52.38%），总值增长20.32%，占比上升12个

① 基于数据可得性，全书关于东北地区的统计分析都只包括辽宁、吉林、黑龙江三省。

百分点（见表2.8）。

表2.8　东北地区产业结构及其发展水平（2013—2019年）

年份	第一产业		第二产业		第三产业		合计
	生产总值/亿元	比重/%	生产总值/亿元	比重/%	生产总值/亿元	比重/%	生产总值/亿元
2013	6157.01	11.25	26682.58	48.77	21874.94	39.98	54714.53
2014	6421.12	11.17	27215.64	47.36	23832.34	41.47	57469.1
2015	6613.81	11.44	24845.76	42.97	26356.25	45.59	57815.82
2016	6342.04	12.10	20012.18	38.18	26055.57	49.72	52409.79
2017	5962.89	10.99	20258.91	37.34	28034.65	51.67	54256.45
2018	6182.44	12.99	16636.45	34.94	24791.94	52.07	47610.83
2019	6647.54	13.23	17281.27	34.39	26320.14	52.38	50248.95

资料来源：国家统计局网站和笔者计算。

从经济总量上看，近10年来，中西部地区经济总量占全国比重逐年提升，东部地区和东北地区有所下降。2010年东、中、西部地区的经济总量占比分别为56.3%、20.89%和19.75%，到2019年东部地区降至51.59%，而中部、西部地区则分别升至22.08%和20.71%。东北地区经济总量占比自2012年由升转降，到2019年时降至5.07%，降幅最大。可以看出，虽然四大板块间的相对差距有所收敛，但东北地区经济降幅明显。从人均GDP（现价）变化情况也能看出，中西部地区增幅最大，其次为东部地区，东北地区增幅最小。而从各区域人均GDP与全国平均水平的对比来看，东部地区有所下降，中部和西部地区有所上升，而东北地区依然自2012年以后下降明显。

从工业增加值占GDP的比重来看，近20年来，东部地区工业增加值占GDP的比重在2006年出现峰值（30.34%），但在2006年以前，其占比增长已经放缓，在2006年之后，工业增加值占比逐年下降；而中部、西部地区在2002年前后工业增加值占比开始上升，并在2011年达到峰值，之后下降幅度明显大于东部地区；东北地区工业占比在2004年以前相对稳定，之后同样在2011年达到峰值并快速下降。可见，中部、西部和东北地区均在2011年实现工业占比峰值，东北地区的降幅最大。而2011年正是我国出台《全国主体功能区规划》的时点，在此之后，我国区域经济发展更加重视发展的质量和协调性，根据不同区域的资源环境承载能力、现有开发密度和发展潜力，统筹谋划未来人口分布、经济布局、国土利用和城镇化格局，明确各区域的开发方向，控制开发强度，规范开发秩序，逐步形成人口、经济、资源环境相协调的空间开发格局。

由以上分析可知，四大板块发展战略实施以来，经济建设取得巨大成就。为更好地实现板块间的衔接和联动，在不同板块之间，要着力提高中部和西部地区承接发达地区和发达国家产业转移的能力，同时，要破除制约东北地区经济增长的体制和机制障碍，提高经济发展的内生动力和造血功能；而针对板块间差距拉大的事实，在板块内部，要着力推进区域一体化发展，按照优势互补、互利共赢的原则，加强产业对接，整合资源，构筑一体化的产业链。全国要尽快打通要素流通领域的堵点、断点，促进形成统一的要素市场体系，增强我国经济发展的韧性和竞争力。

（二）重大区域战略

1. 京津冀地区

2014年2月，习近平总书记正式提出京津冀协同发展战略，主要以疏解北京非首都功能为“牛鼻子”，调整区域经济结构和空间结构，推动河北雄安新区和北京城市副中心建设，探索超大城市、特大城市等人口经济密集地区的有序疏解功能，有效治理“大城市病”，优化开发模式；实现以北京、天津为中心引领京津冀地区，进而带动环渤海地区协同发展。京津冀地区作为我国第三大经济增长极，覆盖北京、天津两大直辖市和河北省11个地级市，三地的面积为21.6万平方公里，承载人口超过一个亿，GDP占全国的10%以上，在地理位置上处于东北亚经济圈的中心腹地，是传统地缘政治中欧亚大陆桥的东部桥头堡，也是我国倡导的“一带一路”东部起点的主要枢纽，濒临渤海，携揽“三北”，在全国和国际通道上处于“接南促北”和“带动中西”的重要地位，是拉动中国经济发展的重要引擎，潜力巨大。

在创新投入方面，京津冀地区地方一般公共预算中的科学技术支出逐年上涨，从2013年的377.24亿元上涨至2018年609.59亿元，上涨了61.59%；规模以上工业企业的R&D经费也逐年递增，从2013年的745.84亿元上涨至2018年908.88亿元。而规模以上工业企业R&D人员全时当量则出现下降趋势，说明京津冀地区的科技创新效率不断提高。创新产出方面，有效发明专利的件数上涨近2倍，新产品的销售收入也出现较大提升，说明京津冀地区的创新发展能力持续平稳上升，良好的“双创”氛围和深化科技创新体制改革的政策确实激发了区域的创新活力和热情，对其创新发展发挥了重要带动作用（见表2.9）。

表2.9　京津冀地区创新能力（2013—2018年）

年份	规模以上工业企业R&D经费/亿元	地方一般公共预算科学技术支出/亿元	规模以上工业企业R&D人员全时当量/人年	有效发明专利/件	新产品销售收入/亿元	新产品出口销售收入/亿元
2013	745.84	377.24	191260	30642	12158.48	2024.59
2014	816.98	443.03	211917	35983	13246.14	2049.72
2015	882.56	454.12	214516	48911	12768.06	1701.67
2016	913.46	484.14	212450	63385	13651.82	1747.80
2017	861.20	546.83	189735	71593	12876.54	1531.14
2018	908.88	609.59	169165	85020	13221.15	1844.24

资料来源：国家统计局网站。

2. 长三角地区

2018年11月，习近平总书记在首届中国国际进口博览会开幕式上宣布，为了更好发挥上海等地区在对外开放中的重要作用，增设上海自由贸易试验区的新片区，支持长江三角洲区域一体化发展，并将其上升为国家战略，这标志着长江三角洲区域一体化迎来重大的历史性机遇。长三角地区是我国经济发展最活跃、开放程度最高、创新能力最强的区域之一，在国家现代化建设大局和全方位开放格局中具有举足轻重的战略地位。推动长三角一体化发展，增强长三角地区的创新能力和竞争能力，提高经济集聚度、区域连接性和政策协同效率，对于引领全国高质量发展、建设现代化经济体系意义重大。

在创新投入方面，长三角地区地方一般公共预算科学技术支出大幅度上涨，从2013年的861.79亿元上涨至2018年的1608.15亿元，上涨了近1倍；规模以上工业企业R&D经费也上涨了近1倍，从2013年的2576.44亿元上涨至2018年的4224.09亿元，规模以上工业企业R&D人员全时当量也呈上涨趋势。创新产出方面，有效发明专利的件数上涨2倍多，新产品的销售收入和出口销售收入都有较大提升，说明长三角城市群的科技创新能力和产品出口竞争力都在不断提升，产业链的控制力也不断增强（见表2.10）。

表2.10　长三角地区创新能力（2013—2018年）

年份	规模以上工业企业R&D经费/亿元	地方一般公共预算科学技术支出/亿元	规模以上工业企业R&D人员全时当量/人年	有效发明专利/件	新产品销售收入/亿元	新产品出口销售收入/亿元
2013	2576.44	861.79	835585	109018	46663.77	8353.38
2014	2878.63	926.97	902359	150694	53776.63	10160.46
2015	3156.46	1042.54	949748	176510	56655.57	11085.46
2016	3454.33	1251.27	971852	235877	65836.03	12590.91
2017	3840.14	1381.82	981679	282730	68640.40	11986.65
2018	4224.09	1608.15	1044437	342697	71062.31	13361.80

资料来源：国家统计局网站。

3. 粤港澳大湾区

根据2019年中共中央、国务院印发的《粤港澳大湾区发展规划纲要》，划定属于粤港澳大湾区的城市包括：广州、深圳、珠海、佛山、惠州、东莞、中山、江门、肇庆9个珠三角城市以及香港、澳门2个特别行政区，面积5.6万平方公里，2019年年末常住人口达到7264.92万人，经济总量约11.6万亿元。由于香港、澳门在统计口径上与珠三角城市存在差异，为保证研究样本之间的可比性，本书的统计分析主要针对珠三角九市进行。

在创新投入方面，珠三角城市群规模以上工业企业R&D经费上涨较快，从2013年的1158.38亿元上涨至2018年2002.18亿元，上涨了近1倍；地方一般公共预算科学技术支出也持续上涨，从2015年的442.04亿元上涨至2018年941.69亿元；规模以上工业企业R&D活动人员也增加了近1倍。创新产出方面，新产品的销售收入和出口销售收入都出现较大提升，销售收入从17018.26亿元增至36923.87亿元，出口销售收入也增至2013年的近2倍（见表2.11）。说明珠三角城市群的科技创新能力和国际竞争力都在不断提升。随着内地改革开放力度不断加大，和港澳的经济联系也在不断加深，香港的加工制造业加快向珠江三角洲地区转移，这也为珠三角自主创新能力的提升提供了难得的机遇。

表2.11　珠三角地区创新能力（2013—2018年）

年份	规模以上工业企业R&D经费/亿元	地方一般公共预算科学技术支出/亿元	规模以上工业企业R&D人活动人员/人	新产品销售收入/亿元	新产品出口销售收入/亿元
2013	1158.38	—	489113	17018.26	5922.30
2014	1291.19	—	500920	19283.46	7247.02
2015	1435.00	442.04	493404	21488.13	7277.07
2016	1583.33	678.00	542439	27331.67	8960.97
2017	1761.26	738.94	646252	32927.61	10676.29
2018	2002.18	941.69	750505	36923.87	9903.65

资料来源：国家统计局网站、《广东统计年鉴》（2014—2019）以及笔者计算所得。

4. 成渝地区双城经济圈

成渝地区双城经济圈是西部地区人口最为稠密、产业最为集中、城镇密度最高的区域。以成渝高速公路为轴线，其北翼、中轴和南翼，分布着成都、遂宁、南充、合川、简阳、资阳、内江、永川、自贡、宜宾、泸州、江津、重庆等城市，总面积约56万平方公里，2019年经济总量约7万亿元，年末常住总人口约1.1亿人。成渝两市在经济上具有很强的互补性。成都在科技、金融、商贸、文化教育等方面优势明显，对成都平原地区的中小城市起着重要的辐射带动作用。重庆制造业基础雄厚，工业水平较高，是西南地区的交通枢纽和贸易口岸，向东与武汉城市群相接，向南经过西南出海通道与南（宁）贵（阳）昆（明）经济区紧密相连，是西南地区连接华中、华南地区的枢纽。

在创新投入方面，成渝双城经济圈的规模以上工业企业R&D经费、地方一般公共预算科学技术支出、规模以上工业企业R&D人员全时当量和有效发明专利都大幅度上涨；其中，规模以上工业企业R&D经费和一般公共预算科学技术支出都上涨至原来的2倍。创新产出方面，有效发明专利上涨至原来的4倍多；同时，四川正在全面推动成渝双城经济圈建设，筹划建设了一批新区、合作区和示范区，国家数字经济创新发展试验区、西部金融中心、西部科学城等建成后，将有利于新产品销售收入和出口销售收入的再次提升（见表2.12）。

表2.12　成渝双城经济圈城市创新能力（2013—2018年）

年份	规模以上工业企业R&D经费/亿元	地方一般公共预算科学技术支出/亿元	规模以上工业企业R&D人员全时当量/人年	有效发明专利/件	新产品销售收入/亿元	新产品出口销售收入/亿元
2013	307.71	108.16	94753	13835	5171.99	338.04
2014	362.48	119.92	105942	22165	6322.08	553.23
2015	423.47	142.36	101970	23929	7427.59	1224.01
2016	494.75	152.71	107538	32650	8059.07	877.09

续表

年份	规模以上工业企业R&D经费/亿元	地方一般公共预算科学技术支出/亿元	规模以上工业企业R&D人员全时当量/人年	有效发明专利/件	新产品销售收入/亿元	新产品出口销售收入/亿元
2017	581.08	165.88	128384	45070	9005.76	1476.37
2018	641.60	216.5	139804	53538	7792.65	1097.37

资料来源：国家统计局网站。

改革开放以来，东部地区由于优越的地理位置、自然禀赋及经济基础，吸引了大批科技人才的集聚与迁徙，而早期国家关于优先发展东部沿海城市的政策导向，使得优质创新资源向该区域增长和集中，东部地区的创新能力不断增强。然而，近年来随着区域经济一体化进程的加速，以及跨行政区域分工与合作的日益加强，科技创新跨区域的特征越来越明显。从我国目前的创新资源分布来看（以高校、科研院所为主），其主要分布于东部地区的京津冀、长三角、粤港澳大湾区，中部地区的长江中游城市群、关中城市群以及西部地区的成渝城市群。且创新资源分布不均衡，主要集中于少数城市，如北京、上海、深圳、武汉、西安等地。

从新产品销售收入指标来看，2013—2018年，京津冀城市群、长三角地区、珠三角城市群和成渝经济圈年均增长率分别为1.85%、8.92%、16.91%和9.30%，同期全国年均增长率为9.03%；而从新产品出口销售收入指标来看，2013—2018年，京津冀城市群年均下降1%，其余三个地区的年均增长率分别为10.20%、11.57%和39.84%，同期全国年均增长率为7.72%。可以看出，珠三角城市群和成渝经济圈在新产品销售创收领域领先全国，京津冀城市群在新产品销售和出口销售方面发展滞后，低于全国平均水平。

5. 长江经济带

长江经济带横跨我国东、中、西部三大区域，覆盖上海、江苏、浙江、安徽、江西、湖北、湖南、重庆、四川、云南、贵州等11个省份，连接成渝城市群、长江中游城市群、长三角城市群三大城市群，是打通东、中、西部地区互动合作的“黄金水道”，是绿色发展的主战场，也是畅通国内国际双循环主动脉、引领经济高质量发展的主力军。2014年，国务院印发《关于依托黄金水道推动长江经济带发展的指导意见》，部署将长江经济带建设成为具有全球影响力的内河经济带，东、中、西部地区互动合作的协调发展带，沿海沿江沿边全面推进的对内对外开放带和生态文明建设的先行示范带。2016年，《长江经济带发展规划纲要》颁布实施，纲要提出了多项主要任务，具体包括保护和修复长江生态环境，建设综合立体交通走廊，创新驱动产业转型，推动新型城镇化，构建东西双向、海陆统筹的对外开放新格局等，确立了长江经济带“一轴、两翼、三极、多点”的发展新格局。

（1）基本情况

长江经济带流域面积约205万平方公里，覆盖人口约6亿，2019年GDP总值约占全国的39%，具有独特优势和巨大发展潜力（见表2.13）。与沿海和其他经济带相比，长江经济带拥有我国最广阔的腹地和发展空间，是我国今后10年经济增长潜力最大的地区，有望成为世界上可开发规模最大、影响范围最广的内河经济带。

表2.13　2019年长江经济带主要社会经济指标

流经省份	年末常住人口/万人	GDP/亿元	地方财政一般预算收入/亿元	社会消费品零售总额/亿元	境内目的地和货源地进出口总额/亿美元	城镇居民人均可支配收入/元	农村居民人均可支配收入/元
青海	608	2965.95	282.14	880.8	4.84	33830.33	11499.36
西藏	351	1697.82	222.00	649.3	6.17	37409.97	12950.99
四川	8375	46615.82	4070.69	20144.3	1040.59	36153.73	14670.09
云南	4858	23223.75	2073.53	7539.2	334.47	36237.68	11902.37
重庆	3124	23605.77	2134.88	8667.3	755.77	37938.59	15133.27
湖北	5927	45828.31	3388.39	20224.2	537.50	37601.36	16390.86

续表

流经省份	年末常住人口/万人	GDP/亿元	地方财政一般预算收入/亿元	社会消费品零售总额/亿元	境内目的地和货源地进出口总额/亿美元	城镇居民人均可支配收入/元	农村居民人均可支配收入/元
湖南	6918	39752.12	3006.99	17239.5	421.33	39841.93	15394.79
江西	4666	24757.50	2486.51	8421.6	443.91	36545.9	15796.29
安徽	6366	37113.98	3182.54	13377.7	637.94	37540.04	15415.96
江苏	8070	99631.52	8802.36	35291.2	6785.08	51056.11	22675.42
上海	2428	38155.32	7165.10	13497.2	4733.60	73615.32	33195.2
全国占比	36.82%	38.91%	36.42%	35.90%	34.31%	—	—

资料来源：国家统计局网站。

长江经济带的上、中、下游三个区域覆盖成渝城市群、长江中游城市群和长三角城市群。上游的成渝城市群辐射西北、面向欧亚，力争高水平建设现代产业体系，高品质建设人居环境，高层次扩大对内对外开放，引领西部地区开发开放，对“一带一路”建设、长江经济带发展、西部大开发等国家战略有重要支撑作用。长江中游城市群是中国经济的新增长极、中西部地区新型城镇化先行区、内陆开放合作的先行区、社会建设的引领区，立足于发展为我国经济增长与转型升级的重要引擎。下游长三角城市群的目标是打造改革新高地、争当开放新尖兵、带头发展新经济、构筑生态环境新支撑、创造联动发展的新模式，建设面向全球、辐射亚太、引领全国的世界级城市群。

（2）生态环保

长江是中华民族的母亲河，目前面临废污水排放严重、水质不断恶化、污染事件频发、生物多样性减少、生态系统退化等诸多问题。习近平总书记多次指出，要把修复长江生态环境摆在压倒性位置，共抓大保护，不搞大开发，努力把长江经济带建设成为生态更优美、交通更顺畅、经济更协调、市场更统一、机制更科学的黄金经济带，探索出一条生态优先、绿色发展的新路子。

2018 年，长江流域地方财政环保支出共计 1990.78 亿元，相比 2017 年上涨 9.89%，2019 年电力消耗量共计 22150.07 亿千瓦时，相比 2018 年上涨 4.78%，2017 年二氧化硫排放量共计 243.76 万吨，相比 2016 年下降 25.16%，2018 年水资源总量共计 15905.3 亿立方米，相比 2017 年下降 5.83%，2018 年长江流域覆盖省份除江苏外，其余省份的森林覆盖率相比 2017 年均有所提升，其中提升最多的是云南（提高 5 个百分点），2017 年长江流域废水排放总量共计 256.61 亿吨，相比 2016 年下降 2.87%（见表 2.14）。

表 2.14　长江经济带生态环保相关指标

流经省份	2018 年地方财政环境保护支出/亿元	2019 年电力消耗量/亿千瓦小时	2017 年二氧化硫排放量/万吨	2018 年水资源总量/亿立方米	2018 年森林覆盖率/%	2017 年废水排放总量/亿吨
青海	63.51	716.47	9.24	961.90	5.8	2.71
西藏	44.93	77.60	0.35	4658.20	12.1	0.72
四川	226.90	2635.83	38.91	2952.60	38	36.24
云南	169.81	1812.04	38.44	2206.50	57.4	18.51
重庆	160.19	1160.19	25.34	524.20	43.1	20.07
湖北	211.30	2214.30	22.01	857.00	39.6	27.27
湖南	190.89	1864.32	21.46	1342.90	49.7	30.06
江西	162.55	1535.70	21.55	1149.10	61.2	18.94
安徽	209.32	2300.68	23.54	835.80	28.6	23.38
江苏	317.99	6264.36	41.07	378.40	15.2	57.52
上海	233.39	1568.58	1.85	38.70	14.0	21.20

资料来源：国家统计局网站。

可以看出，长江流域的生态环境整体呈现出改善向好的趋势，但是上中下游社会发展、生态保护不平衡的矛盾依然存在，我们需要建立污染防治区域联动机制，破除行政区划的限制，开展区域大气污染和江河湖海水环境联防联治，强化应急联动机制合作，共同应对区域的生态环境问题。

（3）产业布局

表2.15反映了党的十八大以来长江经济带三大产业的生产总值及其占该地区生产总值比重的变化情况，通过对比分析，能够大致了解长江经济带的产业布局情况。

表2.15 长江经济带产业结构及其发展水平（2013—2019年）

年份	第一产业		第二产业		第三产业		合计
	生产总值/亿元	比重/%	生产总值/亿元	比重/%	生产总值/亿元	比重/%	生产总值/亿元
2013	19992.53	9.15	104105.31	47.63	94472.07	43.22	218569.91
2014	21050.06	8.83	111026.71	46.56	106397.15	44.62	238473.92
2015	22157.2	8.68	113025.3	44.28	120072.12	47.04	255254.62
2016	23661.25	8.39	120389.6	42.71	137826.9	48.90	281877.75
2017	23338.77	7.54	130832.81	42.26	155453.57	50.21	309625.15
2018	24095.39	6.81	141986.84	40.11	187884.11	53.08	353966.34
2019	26665.82	6.96	151512.12	39.52	205169.92	53.52	383347.86

资料来源：国家统计局网站。

从表2.15中可以看出，长江经济带第一产业所占比重逐年下降，由2013年的9.15%降至2019年的6.96%；第二产业一直是长江经济带的主导性产业，2015年以前占比在三大产业中一直最高，稳定在40%~50%，对长江经济带产业转移与发展的影响不容忽视，2013年第二产业生产总值为104105.31亿元（占比为47.63%），2019年生产总值为151512.12亿元（占比为39.52%），总值增长45.54 %，但是占比下降8个百分点；而第三产业的生产总值一直稳步上升，2013年第三产业生产总值为94472.07亿元（占比为43.22%），2015年上升至120072.12亿元，所占比重升至47.04%，首次超过第二产业生产总值的比重，2019年生产总值为205169.92亿元（占比为53.52%），总值增长117.18%，占比上升约10个百分点。长江经济带上中下游覆盖成渝经济圈、长江中游城市群和长三角城市群三个板块，产业结构水平呈现出依次递减格局，下游地区产业结构水平远高于中上游地区，且高于全国平均水平。

6. 黄河流域

黄河流域横跨我国北方东、中、西三大地理阶梯，是我国重要生态屏障的密集区、“一带一路”陆路的重要地带。目前黄河流域经济社会发展整体滞后，贫困面广、量大、程度深，是我国生态安全保障和经济社会发展的重点和难点地区。

(1) 基本情况

黄河全长5464公里，是我国仅次于长江的第二大河，上游为内蒙古托克托县河口镇以上的黄河河段，流经青海、四川、甘肃、宁夏、内蒙古；中游是内蒙古托克托县河口镇至河南孟津的黄河河段，下游是河南孟津以下的黄河河段，中下游流经内蒙古、陕西、山西、河南、山东。2019年年底流域省份的年末常住人口4.22亿，约占全国的30.1%；地区生产总值为24.74万亿元，约占全国的25.1%。其他基本经济社会指标如表2.16所示。

表2.16　2019年黄河流域主要社会经济指标

流经省份	年末常住人口/万人	GDP/亿元	地方财政一般预算收入/亿元	社会消费品零售总额/亿元	境内目的地和货源地进出口总额/亿美元	城镇居民人均可支配收入/元	农村居民人均纯收入/元
青海	608	2965.95	282.14	880.8	4.84	33830.33	11499.36
四川	8375	46615.82	4070.69	20144.3	1040.59	36153.73	14670.09
甘肃	2647	8718.3	850.23	3692.4	53.72	32323.45	9628.94
宁夏	695	3748.48	423.55	984.5	41.92	34328.45	12858.39
内蒙古	2540	17212.53	2059.74	7610.6	201.14	40782.46	15282.82
陕西	3876	25793.17	2287.73	9598.7	490.88	36098.21	12325.66
山西	3729	17026.68	2347.56	7909.2	228.50	33262.37	12902.36
河南	9640	54259.2	4041.6	22733	879.84	34200.97	15163.75
山东	10070	71067.53	6526.64	35770.6	3580.28	42329.23	17775.46
在全国占比	30.05%	25.11%	22.65%	26.90%	14.25%	—	—

资料来源：国家统计局网站。

（2）生态环保

黄河流域自然生态本就脆弱，水资源有限，存在水土流失、沙漠化、地表采矿塌陷、下游洪水威胁等诸多生态和水文水资源难题。党的十八大以来，习近平总书记多次实地考察黄河流域生态保护和发展工作，多次就三江源、祁连山、秦岭等重点区域生态保护建设提出新要求。2019 年 9 月，习近平总书记在黄河流域生态保护和高质量发展座谈会上发表重要讲话，指出要坚持山水林田湖草综合治理、系统治理、源头治理，统筹推进各项工作，加强协同配合，推动黄河流域高质量发展。

2018 年，黄河流域地方财政环保支出总计 1645. 54 亿元，相比 2017 年上涨 23. 54%；2019 年电力消耗量总计 2. 29 万亿千瓦时，相比 2018 年上涨 3. 35%；2017 年二氧化硫排放量总计 337. 20 万吨，相比 2016 年下降 21. 38%；2018 年水资源总量总计 5900. 4 亿立方米，相比 2017 年上涨 17. 06%；2018 年流经省份的森林覆盖率相比 2017 年均有所提升，其中提升最多的是四川，提升了 2. 8 个百分点。2017 年废水排放总量约 180. 91 亿吨，相比 2016 年增加 0. 47%。可见，整体来看黄河流域的生态环保治理已取得较大的进步，沿线省份的生态环境质量也在不断提升（见表 2. 17）。

表 2. 17　2019 年黄河流域生态环保相关指标

流经省份	2018 年地方财政环境保护支出/亿元	2019 年电力消耗量/亿千瓦小时	2017 年二氧化硫排放量/吨	2018 年水资源总量/亿立方米	2018 年森林覆盖率/%	2017 年废水排放总量/万吨
青海	63. 51	716. 47	92416. 66	961. 90	5. 8	27115. 01
四川	226. 90	2635. 83	389142. 90	2952. 60	38. 0	362437. 56
甘肃	127. 82	1288. 05	258811. 14	333. 30	11. 3	64513. 86
宁夏	72. 38	1083. 90	207520. 16	14. 70	12. 6	30734. 75
内蒙古	162. 72	3653. 02	546254. 73	461. 50	22. 1	104250. 82
陕西	176. 02	1682. 82	279359. 33	371. 40	43. 1	175954. 54

续表

流经省份	2018 年地方财政环境保护支出/亿元	2019 年电力消耗量/亿千瓦小时	2017 年二氧化硫排放量/吨	2018 年水资源总量/亿立方米	2018 年森林覆盖率/%	2017 年废水排放总量/万吨
山西	170. 29	2261. 90	573077. 61	121. 90	20. 5	135057. 27
河南	358. 70	3364. 17	286316. 67	339. 80	24. 1	409107. 39
山东	287. 20	6218. 72	739121. 42	343. 30	17. 5	499884. 15

资料来源：国家统计局网站。

（3）产业布局

表 2. 18 呈现的是党的十八大以来黄河流域三大产业的生产总值及其占该地区生产总值比重的变化，通过对比分析，能够大致了解黄河流域的产业布局情况。

表 2. 18　黄河流域产业结构及其发展水平（2013—2019 年）

年份	第一产业		第二产业		第三产业		合计
	生产总值/亿元	比重/%	生产总值/亿元	比重/%	生产总值/亿元	比重/%	生产总值/亿元
2013	16945. 29	9. 93	87443. 5	51. 25	66242. 43	38. 82	170631. 22
2014	17804. 78	9. 73	91060. 02	49. 76	74150. 55	40. 52	183015. 35
2015	18264. 93	9. 57	89010. 01	46. 65	83521. 65	43. 78	190796. 59
2016	18706. 87	9. 13	92395. 73	45. 08	93847. 77	45. 79	204950. 37
2017	18693. 51	8. 45	97742. 71	44. 18	104782. 71	47. 37	221218. 93
2018	19484. 22	8. 48	95587. 77	41. 58	114817. 91	49. 94	229889. 9
2019	20870. 22	8. 44	101141. 65	40. 88	125395. 79	50. 68	247407. 66

资料来源：国家统计局网站。

黄河流域产业布局更加合理，呈现出第一、第二产业比重逐年下降，第三产业比重逐年上升的趋势。具体来看，第一产业生产总值 2013 年为 1. 69 万亿元（占比为 9. 93%），2019 年为 2. 09 万亿元（占比为 8. 44%）；再看第二产业，2013 年第二产业生产总值为 8. 74 万亿元（占比为 51. 25%），2019 年第二产业生产总值为 10. 11 万亿元（占比为 40. 88%），总值增长 15. 66%，占比下降 11 个百分点；再看第三产业，第三产业生产总值 2013 年为 66242. 43 亿元（占比为 38. 82%），2019 年为 125395. 79 亿元（占比为 50. 68%），总值增长 89. 30%，占比约上升 12 个百分点。

黄河上中游涉及八省区，多为经济欠发达地区，经济发展以农业生产和能源资源开发为主，相似的经济发展模式、脆弱的生态环境促成黄河地区必须加强区域合作。这些省份长期存在产业发展能力不足、交通联系闭塞、生态保护匮乏、对外开放迟滞等问题。未来要加快资本、信息、技术等生产要素的流动，通过优化资源配置推动产业合作，推动经济系统向更高级状态发展。

二、我国区域生产力布局的趋势研判

生产力是一个不断变化发展的系统，在不同发展水平上，对生产力布局的侧重也应有所不同。党的十八大以来，党中央、国务院对社会生产力的空间布局问题做出了新的指示，也使生产力布局研究在我国有了新的发展。

（一）轴带引领、多极支撑的区域发展格局更加清晰

我国区域生产力整体布局经历了从新中国成立以来的“两分法”，即“沿海和内地”，到“七五”计划提出的“三分法”，即“东中西”三地带，到“九五”计划时期的七大经济区，再到现在“四大板块”的历程。“十三五”规划后，城市群、国家级新区、自贸区、主体功能区、特色小镇等相继建立并规范发展。可以看出，我国的区域空间格局经历了从增长极引领逐步转变为城市群和经济带支撑的过程。京津冀城市群、中原城市群、长江中游城市群以及珠三角城市群这一纵向轴带，与长江经济带这一横向轴带相交叉的格局，已经初见雏形。这说明“区域化”和“多极化”已成为我国生产力布局不可

逆转的趋势。

经过多年的“五年计划”、区域协调发展政策和多个区域发展规划等指导性文件的推动，我国已逐步形成了以京广线、京哈线和沿东南海岸线为纵轴，长江及陇海线为横轴的城市网状分布体系。党的十九大报告中提出，“以城市群为主体构建大中小城市和小城镇协调发展的城镇格局，加快农业转移人口市民化”。城市群逐步成为实现城乡统筹、公共服务均等化、生态文明以及进一步开放发展等重大战略的前沿阵地。

可见，改革开放以来形成的东西部地区“核心—边缘”的结构已经开始解构，我国生产力布局进入“多极并起”的区域化时代。从内容上看，每个区域战略均强调基础设施互联互通、重点领域率先突破和体制机制改革的创新，通过改革创新打破地区封锁和利益藩篱。“三大战略”的深入实施，促使中国生产力布局从主要依靠长三角、珠三角和京津冀三大引擎带动的传统格局，向区域联动、轴带引领、多极支撑的新格局转变，这也必将成为今后我国生产力布局的主导方向。

（二）地区间发展动力分化态势显著

21 世纪以来，国家相继布局了国家级新区、改革试验区和自贸区等一系列制度创新的试点，并在空间上逐步推开。然而，针对不同的发展区域具有不同的资源禀赋和地理特征，处于不同的发展阶段，因此存在不同的发展难点问题。这就要求我们必须加强区域政策的针对性、差异性，政策要精准，这样才能有效应对当前各区域发展动力分化的诉求。

对于东部地区，创新已经成为其主要增长动力。由前文分析可以看出，上海、江苏、广东、浙江、山东、北京、天津等省份创新能力活跃，创新产业发展良好，与其他中、西部省份存在明显差异。而中部、西部地区，虽然经济运行较平稳，但内部分化现象十分明显。西部的西北和西南地区就呈现出不同的产业结构：西南地区逐步向电子制造、装备制造、汽车产业等现代制造业转型，外贸出口增长较快；而西北地区由于自然资源较丰富，矿产开发和重化工业比重较大，投资拉动作用明显。中部地区的山西与西北地区有相似之处，以资源类产业为主导，由于内需不足，西北和山西的投资增速均下滑较大，因此，资源类省份需要加大产业转型升级的步伐，积极拓展新型产业，创新经济发展的方向。而西南等省份由于外需不振，需要进一步加强产品创新升级，积极拓展新兴经济体市场。

未来关于生产力布局的制度必须着重考虑地区的差异化因素，关注地区产业政策的差别性和精准性。通过生产力布局寻找新的制度性增长极既是今后我国生产力布局的主要任务，也是破解区域经济增长动力转型的新时代要求。

（三）板块间差距缩小，板块内差距拉大

我国实施东部地区率先发展政策以来，东部地区凭借区位、要素和政策优势迅速崛起，板块间差距不断拉大，大尺度的空间聚集和不平衡发展成为主要发展特征。于是，很长一段时间我国政府都想通过生产力布局来缩小板块间的发展差距、释放中西部地区的发展潜力。然而，近年来“总体聚集”的发展态势正在发生逆转，“总体分散、分类聚集”的生产力布局特征逐渐显现。

通过国家统计局公布的数据可知，三大板块间的差异在2004年前后达到峰值后就不断回落，2008年金融危机后，市场化经济比较发达的南方地区发展强劲，而经济结构单一化的资源型城市和老工业基地经济增长乏力，2013年以后板块间差距已经下降到20世纪90年代初的水平。另外，板块内部的发展差距在不断加大。如前所述，近几年西部的西北和西南地区差距扩大显著，可见，小空间尺度的不平衡和“分类”聚集成为我国今后区域经济发展的新趋势，板块间的差距不断缩小，而板块内部的差距呈现出扩大的趋势。

（四）东西双向开放格局逐步形成

随着“一带一路”六大经济走廊建设、中国－东盟自贸区、西部陆海新通道等区域开放合作的不断深化，我国的生产力开放格局由原来的向东开放逐渐转变为向东和向西双向开放。当前新冠肺炎疫情全球肆虐，全球合作有向区域性合作收缩的趋势，客观上也促使我国加大向西开放的力度。这一变化将会深刻影响今后我国区域生产力的布局。东部地区将不再是我国唯一重要的对外贸易门户，而要依靠在资金、技术、人才等方面积累的优势成为我国与发达国家在前沿技术等领域进行竞争的主要区域；西部边境地区将作为向西、向南开放的桥头堡，成为与中亚、东南亚及欧洲地区贸易的门户；中西部及东北地区凭借相对较低的生产成本、良好的产业基础、充足的劳动力和人口，成为支撑我国参与国际竞争和对外经贸合作的重要基石。

执笔人：王婧

参考文献

[1]孙久文,张可云,安虎森,贺灿飞,潘文卿．“建立更加有效的区域协调发展新机制”笔谈[J]．中国工业经济,2017(11):26－61.

[2]刘皓琰．我国生产力布局理论的演变及趋势[J]．中国国情国力,2017(10):39－42.

[3]付晓东,王静田,崔晓雨．新中国成立以来的区域经济政策实践与理论研究[J]．区域经济评论,2019(4):8－24.

[4]肖金成．区域经济70年:从均衡发展向协调发展的演进[N]．21世纪经济报道,2019－10－01(003).

[5]张学良,杨朝远．加快形成国内国际双循环相互促进的新发展格局[N]．光明日报,2020－07－07(016).

[6]刘心怡．粤港澳大湾区城市创新网络结构与分工研究[J/OL]．地

理科学 . https://kns. cnki. net/kcms/detail/22. 1124. P. 20200709. 1326. 004. html.

[7]广东省统计局，国家统计局广东调查总队．广东统计年鉴[M]. 北京：中国统计出版社，2014—2019.

[8]邵璇璇，姚永玲．长江中游城市群的空间网络特征及其影响机制[J]．城市问题，2019(10)：15－26.

[9]周灿，曾刚，曹贤忠．中国城市创新网络结构与创新能力研究[J]．地理研究，2017，36(7)：1297－1308.

[10]陈国生，赵立平，黄飞，等．基于 SEM 模型下长三角区域创新研究[J]．经济地理，2016，36(9)：135－140.

[11]广东省科学技术厅．广东科技年鉴[M]．广州：广东人民出版社，2014—2019.

[12]张文宇，于琦，杨风霞，等．创新驱动战略下区域制造业绿色创新能力评价——基于 30 个地区数据的复杂网络建模分析[J]．工业技术经济，2018，37(8)：86－94.

[13]黄群慧．从当前经济形势看我国“双循环”新发展格局[N]．学习时报，2020－07－08(006).

[14]丁波，司秋利．京津冀区域战略性新兴产业及其空间布局分析[J]．科技经济导刊，2016(35)：235.

[15]冷宣荣．高质量发展视阈下京津冀产业政策转型与优化路径研究[J]．经济与管理，2020，7(4)：1－7.

[16]杜方鑫，黄立群．重庆与东盟贸易现状及潜力分析——基于西部陆海新通道背景下的省际面板数据[J]．重庆交通大学学报(社会科学版)，2020，20(4)：76－87.

[17]西部陆海新通道辐射范围增至 92 个国家和地区[J]．新西部，2020(Z3)：126.

[18]张贡生．黄河流域生态保护和高质量发展：内涵与路径[J/OL]．哈尔滨工业大学学报(社会科学版)，2020(5)：119－128.

[19]彭迪云,张旋,刘帅. 长江经济带生态经济效率评价及时空演变研究[J]. 生态经济,2020,36(6):44-50.

[20]徐勇,王传胜. 黄河流域生态保护和高质量发展:框架、路径与对策[J]. 中国科学院院刊,2020,35(7):975-883.

[21]李佳洺,张文忠,余建辉. 我国重大生产力布局的历史沿革与"十四五"时期优化策略[J]. 中国科学院院刊,2020,35(7):825-834.

第三章

优化区域经济空间布局视角下的产业布局研究

改革开放以来，我国产业发展方式发生了巨大变化，由早期的要素驱动向创新驱动转变，由价值链低端向高端演进，推动我国逐步从工业化初期阶段向构建现代化产业体系阶段迈进。与此同时，我国产业空间分布格局也随之进行了调整，各地产业演变过程在空间上表现为进入、集聚、转移、扩散、衰退等动态变化。从总体上看，我国目前已经形成了“四大板块 + 重大战略 + 中心城市群”的区域发展新格局。本章以制造业为重点研究对象，深入研究不同空间尺度下产业布局的演变规律、面临的问题以及影响因素，为各地区优化产业结构提供理论参考，以期从产业布局的视角拓展新的发展空间，以空间优化增强发展动力。

一、我国产业空间布局概况

近年来，我国各地区纷纷调整产业结构推进产业升级，从整体上看，产业空间布局呈现出以下四个突出特征：

第一，农业在各地区产业结构中的占比呈现出不同程度的萎缩，第一产业从业人口显著减少，加快向第二、第三产业转移。其中，2008—2018 年山东、河南、湖北等传统农业大省第一产业从业者减少 480 万人以上，大量转移到其他地区及产业。各地区第一产业从业者大量减少，主要原因在于农业生产效率提高，解放了部分劳动力，大量农村剩余劳动力转移到其他生产部门。

第二，第二产业空间布局重心呈现出向中西部地区转移的倾向，传统工业集聚区第二产业增速放缓甚至有萎缩迹象，中、西部省份则显著提升。河南、安徽、四川、贵州、重庆等地第二产业从业人数提升较大，产业转移持续助推中西部地区产业升级。相比之下，东北老工业基地第二产业比重下降，2008—2018 年辽宁、黑龙江两省第二产业从业人数显著减少，表明东北地区产业结构经历了较大调整。此外，东部沿海地区的广东、浙江、山东、江苏等经济大省第二产业比重进一步加强，产业“腾笼换鸟”取得初步成效。

第三，第三产业全国遍地开花，各地区产业结构升级步伐加快。在沿海发达地区，第三产业已经成为经济发展最主要的动力，产业结构优化过程进一步强化了第三产业在当地的主体地位。从业人数增长率也证明了这一点，北京、上海、天津、广东、福建、浙江等地第三产业成为扩大就业的人才蓄水池（见图 3.1）。

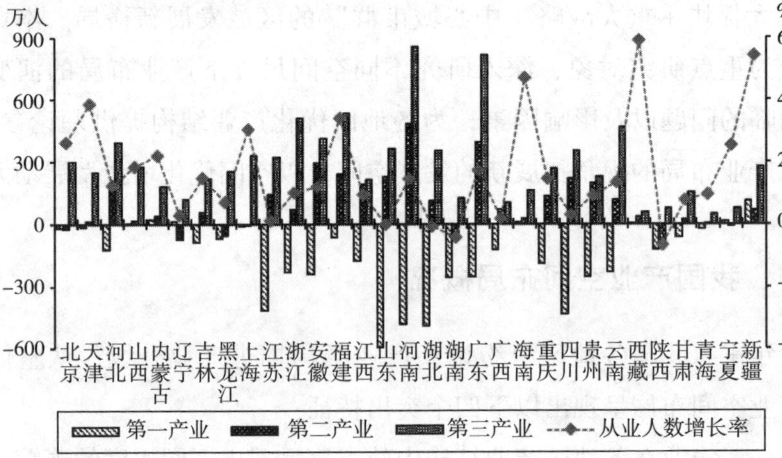

图 3.1　2008—2018 年各省份一、二、三产业从业人数变化情况

资料来源：《中国城市统计年鉴》。

第四，产业空间布局进一步向各大城市群集聚，城市群已经成为产业发展的重要载体。从制造业从业人数的空间分布格局来看，我国制造业主要集聚在长三角城市群、珠三角城市群、京津冀城市群、山东半岛城市群、海西城市群、中原城市群、辽中南城市群、哈长城市群、长株潭城市群、成渝城市群等地区，呈现出多个“核心—边缘”的产业分布特征。在生产要素集聚效应的作用下，城市群逐渐演变成我国产业空间的高级形态，符合产业发展的一般规律。鉴于此，下文也将进一步聚焦城市群，深入剖析城市群内部产业布局变化情况。

二、产业空间布局特征与趋势

改革开放以来，我国逐步建立起市场化机制，参与全球产业分工协作程度也日益加深，特别是加入 WTO 以来，市场化力量和全球化力量不断推动我国制造业快速发展，成为全世界第一制造业产品出口国。随着经济全球化和地域分工程度加深，以及生产要素成本升高，我国制造业空间分布格局发生较大变化，例如，一些劳动密集型产业向中西部地区及沿海地区转型升级，甚至有些产业直接搬离我国，等等。此外，我国各省份在资源禀赋、区位条件、经济发展水平、基础设施建设水平、城镇化水平、地方政府支持力度等方面均存在较大差异，制造业在各地区的集聚水平、结构演变、升级路径可能存在巨大差异。另外，在我国转轨经济体制下，地方分权可能导致各地区同质化竞争严重，缺乏有效的区域间产业协作，产业分布向非均衡方向发展。

为深入理解我国产业空间演变规律，本章以制造业为例，从省级层面揭示其动态变化过程，系统性地归纳出省际的产业竞合关系（数据来源、缺失值处理及指标计算方法见附录 1）。重点关注劳动密集型、资本密集型、技术密集型三大类制造业在空间上的集散情况，其中劳动密集型产业以纺织服装和食品制造为代表，资本密集型产业以专用设备制造、通用设备制造业以及有色金属冶炼与压延加工为代表，技术密集型产业分别选取通信计算机及电子设备制造、医药制造以及电气机械及器材制造业为代表。

（一）产业空间布局的演变特征

1. 从产业的空间集聚情况看，不同行业空间集聚演变过程差异性较大

第一，劳动密集型产业集中度呈下降趋势。如图 3.2 所示，纺织服装业的基尼系数在 0.7 以上，远远高于食品制造业，说明纺织服装业空间集聚分布特征明显。在外向型经济主导的发展阶段，大量以出口为主的轻工业企业集聚在东南沿海地区，形成了几个较大规模的纺织服装产业集群。随着生产成本提高和出口市场不确定性加强，沿海地区纷纷提出产业升级战略，传统的纺织服装产业部分向内陆地区转移，空间分布向均衡化方向发展。而以食品制造业为代表的另一类劳动密集型产业受原料和市场所在地的影响较大，因此在全国层面这类产业空间集中度不高，分布变动不显著。

第二，资本密集型产业集中度有所下降。从本章选取的三个资本密集型产业空间基尼系数逐年变化情况来看，这三个产业的基尼系数均呈现出逐渐增大的势头，说明资本密集型产业持续集聚。一般来说，资本密集型产业需要较大规模投资，资本要素充裕的地方会持续追加投资，在循环累积作用影响下，有一定资本密集型产业基础的地区会持续扩大规模，相反，一些地区较难培育起成规模的资本密集型产业集聚区（见图 3.3）。

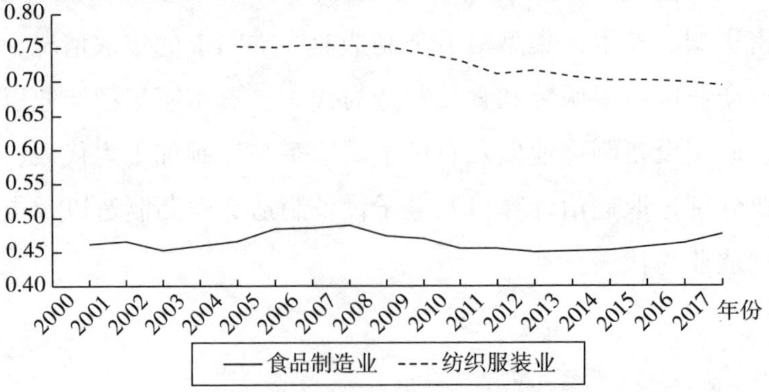

图 3.2　劳动密集型产业基尼系数

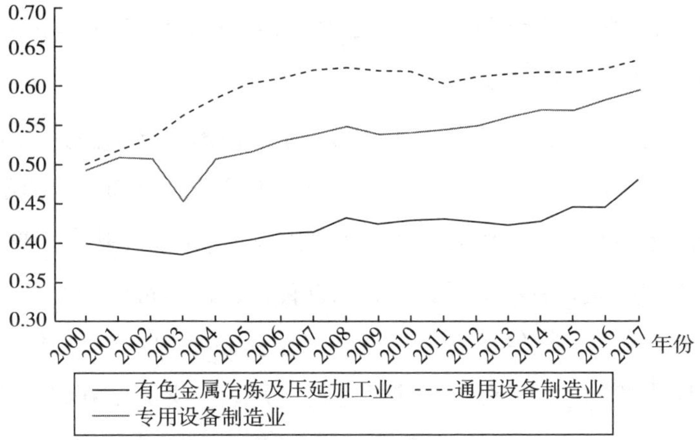

图 3.3　资本密集型产业基尼系数

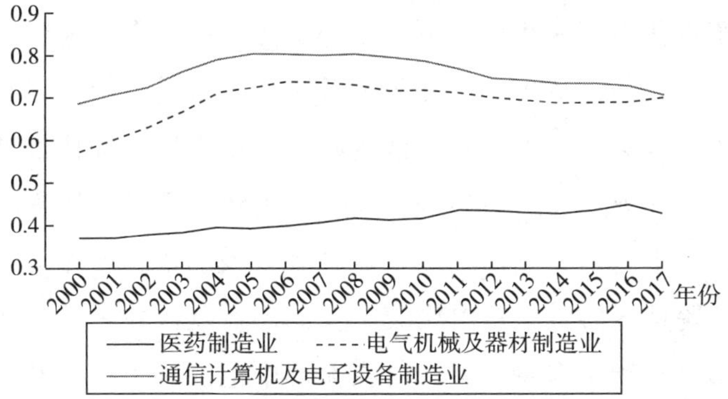

图 3.4　技术密集型产业基尼系数

第三，技术密集型产业呈现出先集中后分散的空间分布演变特征。具体来说，各地区发展进入一定阶段后，技术密集型产业会成为当地不可或缺的产业门类，因此在时间上呈现出先集聚再均衡的变化过程。地方政府较为重视技术密集型产业发展，也会加大力度吸引外来投资和成果转化，无形中弱化了一些地方对技术密集型产业的垄断，空间上表现出产业均衡化的分布趋势（见图 3.4）。

2. 从产业的迁移情况看，劳动密集型产业与技术密集型产业向中西部地区转移趋势明显

第一，纺织服装产业仍主要分布在东部沿海地区，但其占比持续降低，而中西部地区占比则显著提高，表明纺织服装产业不断向中西部地区转移。受外贸形势和我国生产要素成本升高的影响，以纺织服装产业为例的传统劳动密集型产业向更低生产成本的地方转移，这也符合产业生命周期理论。同时也应该看到，尽管东部地区产业升级步伐加快，纺织服装产业在一些地方占比仍然较大，有必要加快产业就地升级步伐，开拓高端市场。

第二，资本密集型产业有持续向东南沿海地区集聚的趋势，专用设备制造业、通用设备制造业以及有色金属冶炼及压延加工业均呈现出这样的分布变化过程。相比之下，中部、西部以及东北地区资本密集型产业占比较小，与发达地区存在较大差距，特别是近年来仍有占比不断减少的态势，有必要加大这些地区的政策扶植力度，加快推进资本密集型产业向均衡化方向发展。另外，北京、上海、天津三地资本密集型产业均连年占比下滑，表明这三地产业升级步伐加快，但相关产业未出现较大规模的跨地区转移。资本密集产业向产业基础较好、产业关联较密的地区转移更有利于自身发展，这在无形中也加剧了该类产业在全国范围分布的空间不均衡问题。

第三，近年来中西部地区技术密集型产业显著提升，而东部地区该产业占比下降，除传统优势地区外，技术密集型产业在空间上发展较为均衡。这也从侧面说明，地方政府有力扶持技术密集型产业发展均取得了一定成效。

（二）区域内产业布局的基本特征

1. 发达省份制造业产业结构向非均衡方向发展，中西部省份集中优势资源强化支柱产业

北京、上海、天津、广东产业结构的非均衡性持续强化，浙江、江苏两省近年产业结构也调转均衡势头，说明上述地区加快淘汰落后产

能；一些中西部省区不断加大制造业投入力度，打破了“一业独大”的发展现状，各产业门类朝着更加均衡的方向发展，有利于提升区域经济发展抗风险能力（见表3.1）。

表3.1　2002—2017年各省份产业赫芬达尔指数

省份	2002年	2007年	2012年	2017年
北京	0.0734	0.0744	0.0819	0.1021
天津	0.0751	0.0811	0.0849	0.0997
河北	0.0914	0.0932	0.0927	0.0907
山西	0.0996	0.1026	0.0987	0.0906
内蒙古	0.1112	0.0938	0.0881	0.0994
辽宁	0.0885	0.0783	0.0818	0.0840
吉林	0.1219	0.1242	0.0941	0.1909
黑龙江	0.0688	0.0695	0.0840	0.0838
上海	0.0789	0.0864	0.1014	0.1109
江苏	0.1007	0.0971	0.0920	0.0954
浙江	0.1074	0.1009	0.0886	0.0892
安徽	0.0854	0.0686	0.0704	0.0727
福建	0.0879	0.0891	0.0821	0.0769
江西	0.0795	0.0740	0.0721	0.0813
山东	0.0917	0.0817	0.0724	0.0664
河南	0.0858	0.0771	0.0695	0.0891
湖北	0.0936	0.0862	0.0694	0.0817
湖南	0.0874	0.0803	0.0739	0.0759
广东	0.1190	0.1309	0.1522	0.1501
广西	0.0901	0.0843	0.0802	0.0886
海南	0.1494	0.1225	0.1031	0.1357
重庆	0.1368	0.1654	0.1250	0.1549
四川	0.0823	0.0739	0.0734	0.0767
贵州	0.0917	0.0955	0.0922	0.0912
云南	0.0929	0.0982	0.0967	0.0819
陕西	0.0839	0.0772	0.0762	0.0773

续表

省份	2002 年	2007 年	2012 年	2017 年
甘肃	0.0966	0.0943	0.0976	0.1074
青海	0.1267	0.1261	0.1666	0.1514
宁夏	0.0908	0.0928	0.0984	0.0977
新疆	0.1378	0.1392	0.1056	0.0526

2. 各地区传统优势产业得到进一步加强

拥有优势资源和基础雄厚的产业都得到不同程度的强化，如河北的黑色金属冶炼及压延加工业保持着较快增速，广东则继续壮大优势产业，通用设备制造业连续多年属于增长的前三大产业类型，这都说明各地区有进一步巩固传统优势产业的趋势。与此同时，近年来各地区提高环境保护标准，纷纷淘汰高污染高能耗产业，加速产业转型。

3. 高新技术产业受追捧加大投入力度，而科技附加值低的行业面临淘汰

近年来，新科技革命带来的技术进步和对产业的促进作用足以证明高新技术发展对地方经济的影响是空前的。抓住高新技术产业发展机遇，已成为各地方政府普遍的着眼点，这同样体现在地方产业结构的变化中。近年来各地发展加速的产业门类中，科技含量越来越高，特别是一些中西部省份加大对诸如通信设备、计算机及其他电子设备制造业的投入力度，取得较快发展。相反，科技附加值低的产业面临被压缩的境地，一些省份包括纺织服装鞋帽制造业、农副食品加工业、烟草制造业等在内的产业门类比重显著减小，产业结构朝着科技附加值高的方向转型。

4. 区域间产业转移加快各地区产业结构调整节奏，实现优势互补、各取所需

有些省份萎缩的产业恰好是其他省份增长最快的产业，产业结构在区域间的“一减一增”侧面证明了跨区域产业转移成为地区产业结构调整的推动力之一。区域间产业发展阶段的差异给跨区域产业转移提供

了基础，使一些传统优势产业不至于流失国外，有助于在全国层面形成结构合理、多元发展的局面（见表3.3）。

表3.2　2012—2017年各地区产业区位熵变动情况

省份	增长的前三位行业	萎缩的前三个行业
北京	医药制造业；仪器仪表及文化、办公用机械制造业；专用设备制造业	石油加工、炼焦及核燃料加工业；金属制品业；通信设备、计算机及其他电子设备制造业
天津	医药制造业；黑色金属冶炼及压延加工业；石油加工、炼焦及核燃料加工业	纺织服装、鞋、帽制造业；食品制造业；专用设备制造业
河北	黑色金属冶炼及压延加工业；金属制品业；仪器仪表及文化、办公用机械制造业	通用设备制造业；纺织业；农副食品加工业
山西	黑色金属冶炼及压延加工业；饮料制造业；化学原料及化学制品制造业	石油加工、炼焦及核燃料加工业；专用设备制造业；有色金属冶炼及压延加工业
内蒙古	黑色金属冶炼及压延加工业；化学原料及化学制品制造业；石油加工、炼焦及核燃料加工业	专用设备制造业；农副食品加工业；非金属矿物制品业
辽宁	石油加工、炼焦及核燃料加工业；黑色金属冶炼及压延加工业；有色金属冶炼及压延加工业	通用设备制造业；农副食品加工业；专用设备制造业
吉林	交通运输设备制造业；纺织服装、鞋、帽制造业；烟草制造业	医药制造业；农副食品加工业；饮料制造业
黑龙江	石油加工、炼焦及核燃料加工业；仪器仪表及文化、办公用机械制造业；化学原料及化学制品制造业	农副食品加工业；交通运输设备制造业；饮料制造业
上海	通用设备制造业；化学原料及化学制品制造业；烟草制造业	纺织服装、鞋、帽制造业；金属制品业；交通运输设备制造业
江苏	通用设备制造业；纺织业；专用设备制造业	交通运输设备制造业；通信设备、计算机及其他电子设备制造业；化学原料及化学制品制造业

续表

省份	增长的前三位行业	萎缩的前三个行业
浙江	通用设备制造业；纺织业；专用设备制造业	交通运输设备制造业；纺织服装、鞋、帽制造业；仪器仪表及文化、办公用机械制造业
安徽	通信设备、计算机及其他电子设备制造业；医药制造业；非金属矿物制品业	烟草制造业；交通运输设备制造业；金属制品业
福建	纺织服装、鞋、帽制造业；黑色金属冶炼及压延加工业；金属制品业	仪器仪表及文化、办公用机械制造业；交通运输设备制造业；通信设备、计算机及其他电子设备制造业
江西	通信设备、计算机及其他电子设备制造业；纺织业；纺织服装、鞋、帽制造业	有色金属冶炼及压延加工业；烟草制造业；医药制造业
山东	有色金属冶炼及压延加工业；石油加工、炼焦及核燃料加工业；交通运输设备制造业	农副食品加工业；饮料制造业；纺织业
河南	农副食品加工业；纺织服装、鞋、帽制造业；金属制品业	烟草制造业；造纸及纸制品业；专用设备制造业
湖北	交通运输设备制造业；仪器仪表及文化、办公用机械制造业；专用设备制造业	黑色金属冶炼及压延加工业；饮料制造业；烟草制造业
湖南	食品制造业；金属制品业；饮料制造业	烟草制造业；有色金属冶炼及压延加工业；专用设备制造业
广东	专用设备制造业；通用设备制造业；交通运输设备制造业	通信设备、计算机及其他电子设备制造业；纺织服装、鞋、帽制造业；电气机械及器材制造业
广西	交通运输设备制造业；纺织业；烟草制造业	有色金属冶炼及压延加工业；农副食品加工业；食品制造业
海南	医药制造业；食品制造业；石油加工、炼焦及核燃料加工业	仪器仪表及文化、办公用机械制造业；交通运输设备制造业；造纸及纸制品业
重庆	通信设备、计算机及其他电子设备制造业；专用设备制造业；造纸及纸制品业	交通运输设备制造业；化学原料及化学制品制造业；黑色金属冶炼及压延加工业

续表

省份	增长的前三位行业	萎缩的前三个行业
四川	仪器仪表及文化、办公用机械制造业；交通运输设备制造业；金属制品业	黑色金属冶炼及压延加工业；农副食品加工业；专用设备制造业
贵州	饮料制造业；通信设备、计算机及其他电子设备制造业；造纸及纸制品业	烟草制造业；有色金属冶炼及压延加工业；石油加工、炼焦及核燃料加工业
云南	医药制造业；饮料制造业；非金属矿物制品业	烟草制造业；有色金属冶炼及压延加工业；石油加工、炼焦及核燃料加工业
陕西	饮料制造业；石油加工、炼焦及核燃料加工业；食品制造业	交通运输设备制造业；烟草制造业；有色金属冶炼及压延加工业
甘肃	黑色金属冶炼及压延加工业；石油加工、炼焦及核燃料加工业；有色金属冶炼及压延加工业	饮料制造业；化学原料及化学制品制造业；造纸及纸制品业
青海	黑色金属冶炼及压延加工业；非金属矿物制品业；电气机械及器材制造业	石油加工、炼焦及核燃料加工业；通用设备制造业；饮料制造业
宁夏	黑色金属冶炼及压延加工业；石油加工、炼焦及核燃料加工业；化学原料及化学制品制造业	有色金属冶炼及压延加工业；造纸及纸制品业；饮料制造业
新疆	烟草制造业；造纸及纸制品业；医药制造业	石油加工、炼焦及核燃料加工业；化学原料及化学制品制造业；非金属矿物制品业

（三）跨区域产业布局的基本特征

1. 空间邻近的省份产业结构相似度较高，存在相邻地区产业同质化竞争的可能性

相邻省份产业发展的基础条件类似，产业结构相似度高符合客观规律，然而地方分权化过程会加剧地方保护主义现象，导致相邻地区产业同质化竞争严重，不利于产业良性发展。另外，相邻地区产业结构相似度越高越容易造成该产业升级步伐缓慢，同质竞争和路径依赖阻碍了地方产业自由衍生，长此以往可能会导致产业低端锁定。

2. 发展阶段相似的地区产业结构相似度也较高，各地区的产业结构调整持续进行

区域经济发展与产业结构密切相关，经济发展水平客观上反映了当地产业结构特征，导致地区间产业结构相似性表现出阶段性的特点。比较2007年与2017年各省份产业结构最相似地区的变化情况，也能看出各地区产业结构始终处于动态调整之中，产业转型升级持续进行（见表3.3、表3.4）。

表3.3　2017年各省份产业结构最相似的地区

地区	相似度最高的地区	地区	相似度最高的地区	地区	相似度最高的地区
北京	天津	浙江	安徽	海南	黑龙江
天津	上海	安徽	江西	重庆	天津
河北	辽宁	福建	安徽	四川	湖南
山西	宁夏	江西	安徽	贵州	四川
内蒙古	宁夏	山东	湖南	云南	甘肃
辽宁	河北	河南	山东	陕西	湖北
吉林	重庆	湖北	陕西	甘肃	青海
黑龙江	海南	湖南	四川	青海	甘肃
上海	江苏	广东	江苏	宁夏	内蒙古
江苏	上海	广西	陕西	新疆	山东

表3.4　2007年各省份产业结构最相似的地区

地区	相似度最高的地区	地区	相似度最高的地区	地区	相似度最高的地区
北京	天津	浙江	江苏	海南	广西
天津	北京	安徽	湖北	重庆	吉林
河北	内蒙古	福建	江苏	四川	湖南
山西	甘肃	江西	安徽	贵州	青海
内蒙古	河北	山东	安徽	云南	甘肃
辽宁	河北	河南	广西	陕西	湖北
吉林	重庆	湖北	安徽	甘肃	云南

续表

地区	相似度最高的地区	地区	相似度最高的地区	地区	相似度最高的地区
黑龙江	河南	湖南	广西	青海	宁夏
上海	天津	广东	上海	宁夏	青海
江苏	上海	广西	河南	新疆	山东

3. 省际的产业结构相似度不断降低

进一步计算各省份产业结构与全国的相似度，可以发现与全国产业结构相似度高的省份逐年减少，表明各省份间产业同质化竞争有趋缓的势头，特别是东北、西北、西南省份的产业结构与全国相似度较低，产业发展走差异化协作之路。另外，长江经济带沿线各省份产业结构与全国产业结构相似度始终较高，这一方面说明长江经济带沿线产业规模占全国比重较大；另一方面说明长江经济带沿线省份存在同质化竞争，跨区域的产业协作体系还有待进一步构建。

三、主要城市群产业布局特征及问题

（一）四大城市群产业布局情况

1. 长三角城市群

长江三角洲城市群主要包括上海、杭州、南京、苏州、无锡、常州、镇江、扬州、泰州、南通、嘉兴、湖州、宁波、绍兴、舟山、台州等26个城市，是我国最具活力、开放度最高、创新能力最强的区域之一，2018年长江三角洲城市群生产总值总量达到17.86万亿元，占全国的19.84%。其中第二产业增加值达到7.54万亿元，占全国的20.6%。长江三角洲城市群产业体系完备，配套能力强，产业集群优势明显，近年来，该城市群以产业转型升级需求为导向，改造提升传统产业，培育发展新兴产业，构建现代产业体系。

从产业布局上看，上海、南京、杭州作为长三角中心城市，人均生产总值超过2万美元，经济进入高质量发展阶段，金融、房地产、商业服务等现代服务业成为其主导产业，2018年三个城市的服务业占比分别达到69.9%、61%、63.9%。与此同时，工业则呈现出不断外移趋势，主要由马鞍山、芜湖、铜陵、滁州等长江沿岸城市，以及宁波、绍兴、嘉兴等杭州湾沿岸城市承接，这些地区具有良好的工业基础以及钢铁煤炭等资源储备，2018年马鞍山、芜湖、铜陵、滁州、嘉兴、宁波的第二产业占比超过50%，分别达到53.59%、52.18%、58.25%、51.60%、53.87%、51.25%，是我国工业发展的重要基地。从细分领域的分布看，电子信息产业、医药制造产业、石油化工产业、汽车制造产业、钢铁产业、纺织服装产业等是长江三角洲的优势产业，其中汽车制造产业主要分布在上海、南京、常州、盐城、扬州、合肥、芜湖、马鞍山、铜陵、宣城等城市；石化产业主要分布在南京、无锡、盐城、镇江、宁波、台州、绍兴、金华、安庆等城市；钢铁产业主要分布在南京、马鞍山等城市；纺织服装产业主要分布在苏州、无锡、常州、南通、盐城、台州、嘉兴、金华、安庆等城市；医药制造产业主要分布在泰州、金华、台州、芜湖、宣城等城市；电子信息产业主要分布在南京、苏州、南通等城市。

2. 珠三角城市群

珠三角城市群是我国特大城市群之一。2008年国务院审批的《珠江三角洲地区改革发展规划纲要》中指出：珠三角范围包括广州、深圳两个副省级城市以及珠海、佛山、东莞、中山、江门、肇庆、惠州7个地级城市。土地面积合计5.5万平方公里，占全国的0.6%；2018年经济总量为8.1万亿元，占全国的9.0%；常住人口约0.6亿人，占全国的4.5%，近3年人口年均增速高达2.4%；人均生产总值达到12.9万元，位列中国城市群首位。

1989年以来，珠江三角洲已经开展了五轮区域规划，即从10个城镇群，到一主（广州）两副（深圳、珠海）三大城镇群，到“一脊三带五轴”的多中心区域空间结构，到三大都市圈（广佛肇、珠中江、深莞惠）的多中心空间结构，再到最近的《珠江三角洲全域规划》，期望通过全领域、全空间、多规融合的区域规划，实现建设世界级城市群的目标。

从主导产业看，珠三角城市群的主导产业包括电子信息、电气机械、汽车制造、金属制品、化学原料和化学制品制造、通用设备制造、非金属矿物制品等产业。其分布呈现出如下规律：一是广州和深圳具有最高的工业化程度，为整个城市群的核心城市，起着主要的集聚和辐射作用，其主导产业为汽车制造、电子信息，装备制造等先进制造业，同时也是整个珠三角的金融、现代物流等生产性服务业中心；珠海、佛山、中山和东莞处于工业化后期阶段，工业化程度仅次于广州和深圳，分别为区域性中心城市，一方面接受核心城市广州和深圳的辐射带动，另一方面也可作为区域性中心对其所在地产生辐射带动作用，主要发展临港重化、海洋工程装备制造业，继续做大做强电气机械和器材行业；惠州、江门和肇庆目前处于工业化发展中期阶段，处于接受辐射带动的地位，其中，肇庆与广州、佛山产业结构相似，以金属制品、非金属矿物制品、化学原料和化学制品、有色金属冶炼和压延、电子信息为主导产业，与江门、中山、珠海的主导产业相似。

3. 中原城市群

中原城市群地处内陆腹地，承接东西，贯通南北，是我国重要的客货运输的集散地和中转中心，发挥着联系东西南北经济合作的桥梁与枢纽作用，在我国区域发展格局中具有重要的战略意义。中原城市群以河南省郑州市、开封市、洛阳市、平顶山市、新乡市、焦作市、许昌市、漯河市、济源市、鹤壁市、商丘市、周口市和山西省晋城市、安徽省亳州市等 14 个城市为核心发展区。联动辐射河南省安阳市、濮阳市、三门峡市、南阳市、信阳市、驻马店市，河北省邯郸市、邢台市，山西省长治市、运城市，安徽省宿州市、阜阳市、淮北市、蚌埠市，山东省聊城市、菏泽市等中原经济区其他城市。随着交通体系的不断升级，京津冀城市群、晋中城市群、关中城市群、长株潭城市群、华中城市群、长三角城市群以及山东城市群等逐渐整合在了一起，中原城市群位于这些城市群的中心，在整合上述城市群过程中扮演着节点城市群的角色。统筹规划中原城市群的内部格局，及其与邻近其他城市群的互动格局，对于构建互动效率更高的全国性城市体系具有重要意义。

2017 年年底，中原城市群实现地区生产总值 67044.34 亿元，占全国经济总量的 8.1%；人均 GDP 约为 5000 美元，仍处于中等收入水平；与之相适应，中原城市群仍以第二产业为主导，2017 年第二产业占比达到 47.5%，高于第三产业 5 个百分点。从细分产业看，中原城市群重点发展的产业集群包括电子信息业、装备制造业、汽车及零部件业、食品制造业、纺织服装业、金属制品业等。

4. 哈长城市群

哈长城市群横跨黑龙江、吉林两省，包含黑龙江省哈尔滨市、大庆市、齐齐哈尔市、绥化市、牡丹江市与吉林省长春市、吉林市、四平市、辽源市、松原市、延边朝鲜族自治州共 11 个地区，以哈尔滨市、长春市两座城市的“1 小时经济圈”为中心，呈“双核一轴两带”的空间布局。通过经济联系强度、最短公路里程等多因素分析①，可以将哈长城市群分为核心区与拓展区，其中核心区不含吉林省延边朝鲜族自治州与黑龙江省牡丹江市，拓展区包括哈长城市群全部 11 个地区。以 2018 年数据为例，黑龙江省与吉林省国民生产总值与增速均位于全国后十位，省会城市中长春市与哈尔滨市也未进入前十名，与长三角、川渝等城市群相比仍有很大差距。同时，哈长城市群虽幅员辽阔，但人口流失问题较为严重，其他城市与两核心城市发展脱节，推进城市群建设

① 具体分析见《哈长城市群的范围界定与战略定位》。

仍面临众多挑战。

哈长城市群基本情况如表3.5所示。

表3.5　2018年哈长城市群基本情况

	平均人口/万人	行政区域土地面积/平方公里	地区生产总值（当年价格）/亿元	制造业就业人数占比/%
长春市	751	20594	7175.71	28.22
哈尔滨市	952	53077	6300.48	16.28
哈长核心区（9市）	4407	279153	25429.57	18.04
哈长拓展区（11市）	4616	322453	26382.19	18.60

资料来源：《中国城市统计年鉴2019》与《延边朝鲜族自治州2018年国民经济和社会发展统计公报》。

哈长城市群拥有全国最重要的老工业基地和最大的商品粮基地，土地肥沃，煤炭、石油等自然资源丰富，基本建立了“以装备制造、交通运输设备制造、石油化工、农产品加工四大产业为主导，以电子信息、生物医药、航空航天、新能源、新材料五大战略性新兴产业为支撑，冶金、建材、能源、纺织、食品、林产品加工六大特色产业为主干”① 的现代工业产业体系。从主导产业看，哈长地区一直是国家重要的工业基地，主导产业以装备制造、运输设备制造、石油化工、食品加工为主。其中长春市2018年第二产业占比为48.94%，工业行业中汽车制造业就业人数占比超过60%，被誉为“中国汽车工业的摇篮”；食品工业、装备制造、石化和医药是哈尔滨市四大工业，就业人数占比超过90%；大庆市第二产业占比达到53.95%，石油资源丰富，拥有我国最大的油田，原油年产量4000万吨以上；齐齐哈尔市是中国重要的装备制造业基地，工业行业中装备制造业就业人数占比近50%，拥有中国

① 资料来源：《新一轮东北振兴视角下的哈长城市群产业协同发展研究》。

一重、齐重数控、齐二机床集团、齐轨装备等众多知名企业；吉林市是我国重要的化工基地，具备以吉化为主导的门类齐全的化工体系，拥有我国第一座大型水电站——丰满水电站；松原市坐落于东北黑土带上，是我国重要的商品粮基地之一，油气资源丰富，石油化工是主导产业之一。

（二）四大城市群产业布局对比分析

1. 从产业集聚程度看，长三角与珠三角城市群呈现出“大集聚、多中心”的格局，中原与哈长城市群呈现出“小集聚、单中心”的产业布局

产业集聚是指同一产业在某个特定地理区域内高度集中，产业资本要素在空间范围内不断汇聚的过程。产业集聚能够促进资金流、人才、技术流和物资流的空间聚集，充分发挥规模效应，对于优化产业空间结构、促进产业升级具有重要意义。从城市群发展的角度看，产业集群通过产业在地理空间上的集中，促进集聚区内的企业建立高效的合作与竞争关系，形成专业化的生产协作网络，通过这种内生发展能力和竞争机制促使企业不断研发创新，实现区域产业结构的优化升级。反之，产业发展过度分散化不利于发挥各地比较优势，在一定程度上将阻碍产业集群规模效应的发挥。

从产业集群规模看，长三角与珠三角城市群拥有较大规模的产业集群，中原与哈长城市群的产业集群规模相对较小。长三角城市群有16个产值500亿~1000亿元的产业集群，有11个产值1000亿~5000亿元的产业集群，有3个产值5000亿~10000亿元的产业集群；珠三角城市群有6个产值1000亿元的产业集群，有2个产值5000亿~10000亿元的产业集群，有1个产值超过万亿元的产业集群（计算机、通信和其他电子设备制造业），其中电子信息产业规模达到3.9万亿元；相比之下，中原与哈长城市群的产业集群数目较少，且规模也较小，其中哈长

城市群仅有2个500亿~1000亿元的产业集群（见表3.6）。

从产业集群分布看，长三角与珠三角城市群的产业集群较为分散，多数集中在2个及以上的城市中。在长三角，石油加工、炼焦和核燃料加工业主要集中在上海、宁波，钢铁产业主要集中在上海、常州、苏州、无锡等4个城市，通用设备制造业主要集中在苏州、南通等2个城市，有色金属冶炼和压延加工业主要集中在无锡，专用设备制造业主要集中于上海；在珠三角，深圳拥有万亿规模的电子信息产业集群，同时在东莞、惠州、广州也分别形成了5000亿级别的产业集群。此外，电子机械产业，佛山、深圳、东莞、中山等地均形成了千亿规模的产业集群；相比之下，哈长城市群较大规模的产业集群，如农副食品加工业、汽车制造业则仅集中在哈尔滨、长春两个省会城市。

从产业的地理集中度看，长三角与珠三角城市群主导产业的地理集中度相对较低，反映出产业布局仍然较为分散。在长三角城市群，纺织服装、鞋、帽制造业，医药制造业，交通运输设备制造业，黑色金属冶炼及压延加工业4个主导产业的集中度不足0.5，处于较低的水平。石油加工、炼焦及核燃料加工业与通信设备、计算机及其他电子设备制造业的产业集中度虽然相对较高，但近年来呈现出下降趋势，特别是通信设备、计算机及其他电子设备制造业的产业集中度由2013年的0.58大幅下降至2017年的0.49（见图3.5）；在珠三角城市群，主导产业中电气机械、金属制品、化学原料、通用设备的地理集中度均低于0.5，且汽车制造产业的地理集中度也呈现不断下降趋势，表明珠三角城市群制造业呈现出多中心发展的态势（见图3.6）；相比之下，中原城市群主导产业中有4个产业的集中度超过0.5，其中通信设备、计算机及其他电子设备制造业的产业集中度达到0.76左右，此外，金属制品业的产业集中度的上升幅度较大，由2013年的0.39上升至2017年的0.47，同样处于较高的水平（见图3.7）。

表 3.6　四大城市群 500 亿元以上制造业产业集群分布

行业	500 亿 ~ 1000 亿元			1000 亿 ~ 5000 亿元			5000 亿 ~ 10000 亿元			大于 10000 亿元
	长三角	珠三角	中原与哈长	长三角	珠三角	中原与哈长	长三角	珠三角	中原与哈长	珠三角
农副食品加工业			长春、四平			哈尔滨				
纺织业	金华、常州、无锡、嘉兴			杭州、南通、苏州、绍兴						
纺织服装、服饰业	无锡、宁波、苏州									
石油加工、炼焦和核燃料加工业	南京、绍兴、泰州、无锡、宁波、镇江、常州、南通、苏州、上海			上海、宁波						
医药制造业	上海、台州									
化学纤维制造业	嘉兴、杭州、绍兴			苏州						
化学原料和化学制品制造业	江门	江门			广州					
黑色金属冶炼和压延加工业	宁波、南京			无锡、上海、常州、苏州		安阳、邯郸				
有色金属冶炼和压延加工业	绍兴、苏州、宁波		聊城	无锡	佛山					
非金属矿物制品业			长春							
金属制品业	常州、金华、南通、无锡、苏州、泰州、上海	肇庆			佛山					

续表

行业	500亿~1000亿元			1000亿~5000亿元			5000亿~10000亿元			大于10000亿元
	长三角	珠三角	中原与哈长	长三角	珠三角	中原与哈长	长三角	珠三角	中原与哈长	珠三角
通用设备制造业	台州、合肥、泰州、常州、宁波、绍兴、无锡、杭州			南通、苏州		洛阳	上海			
专用设备制造业	泰州、常州、无锡、南通、苏州			上海	佛山、深圳	洛阳				
汽车制造业	无锡、合肥	深圳		苏州、宁波、南京	佛山	长春、郑州、安阳	上海	广州		
铁路、船舶、航空航天和其他运输设备制造业	舟山、上海			泰州						
电气机械和器材制造业	绍兴、南京、杭州	珠海		泰州、镇江、宁波、南通、合肥、无锡、常州、上海、苏州	佛山、深圳、东莞、中山					
计算机、通信和其他电子设备制造业	常州、南通、宁波、杭州	珠海		合肥、无锡、南京			上海、苏州	东莞、惠州、广州	郑州	深圳
仪器仪表制造业	南通									

资料来源：相关城市统计年鉴、国民经济与社会发展统计公报、政府工作报告。

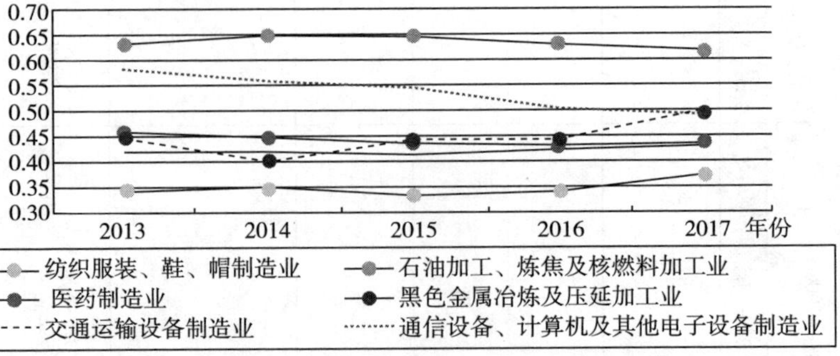

图 3.5 长三角城市群主导产业地理集中度

资料来源：各城市统计年鉴。

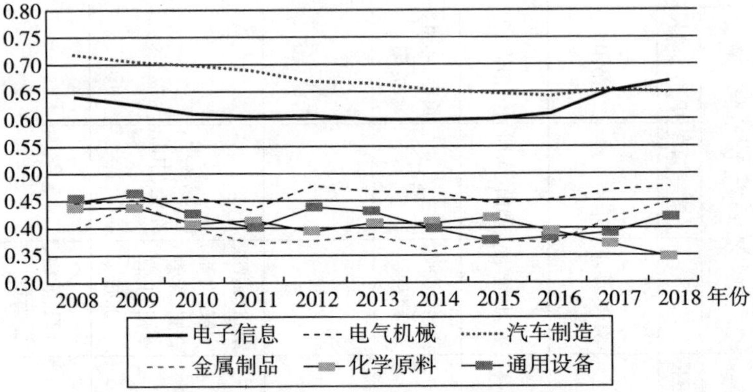

图 3.6 珠三角城市群主导产业地理集中度

资料来源：各城市统计年鉴。

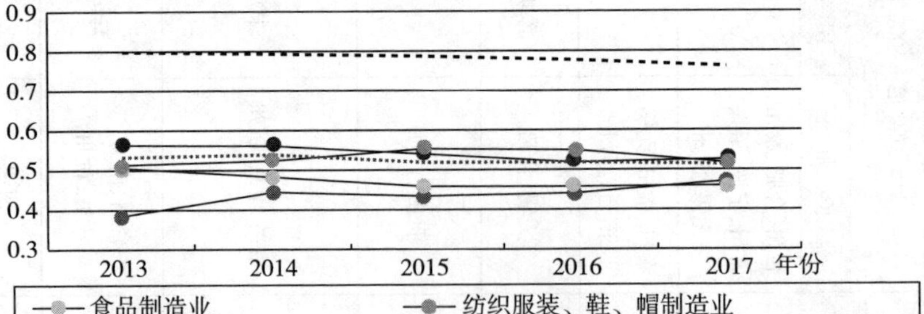

图 3.7 中原城市群主导产业地理集中度

资料来源：各城市统计年鉴。

2. 从产业布局均衡性看，长三角城市群普遍呈现出“中心城市群产业集中度上升、周边城市产业多元化发展”的趋势，珠三角城市群产业多元化发展趋势明显，中原与哈长城市群的产业集中度则更多与当地资源禀赋相关

产业布局均衡性反映的是城市内部主导产业的占比情况，若一个地区产业结构相对均衡，则表明当地产业发展呈现出多元发展的态势，各类资源在不同产业之间的配置相对较为均衡；反之，若一个地区产业结构相对非均衡，则表明当地主导产业的优势较为突出，各类资源更多地向主导产业倾斜。通常来说，“一业独大”有利于整合资源优势，推动产业做大做强，但同时也加剧了产业体系的脆弱性；而“产业多元”虽然不利于发挥比较优势，但产业门类的均衡发展将有助于提升区域经济发展抗风险能力。

在长三角城市群，核心城市产业布局非均衡性有所增强，周边城市产业则更趋向于均衡发展。如表 3.7 所示，长三角城市群中，南京、上海、合肥、宁波等地的赫芬达尔系数持续扩大，表明长江三角洲中心城市产业结构向非均衡方向发展，这是因为随着人均 GDP 不断提升，上述地区一方面加快淘汰落后产能，另一方面集中优势资源强化支柱产业、推动产业结构升级，随着传统产业的不断外移，支柱产业的核心作用不断提升，产业均衡性相应有所下降；而盐城、南通、安庆、嘉兴等城市的赫芬达尔系数有所下降，是因为承接了中心城市的产业转移，打破了“一业独大”的发展现状，各产业门类朝着更加均衡的方向发展，有利于提升区域经济发展的抗风险能力。

表 3.7　2013—2017 年长三角城市群赫芬达尔系数

地区	2013 年	2014 年	2015 年	2016 年	2017 年
杭州	0.0821	0.0817	0.0822	0.0841	0.0848
盐城	0.1031	0.1003	0.0986	0.0924	0.0851
镇江	0.0853	0.0848	0.0851	0.0866	0.0920

续表

地区	2013 年	2014 年	2015 年	2016 年	2017 年
南通	0.0953	0.0930	0.0907	0.0902	0.0921
无锡	0.0973	0.1006	0.0995	0.0946	0.0977
南京	0.0892	0.0951	0.0945	0.0933	0.1014
安庆	0.1242	0.1195	0.1194	0.1164	0.1096
上海	0.1026	0.1029	0.1047	0.1034	0.1114
嘉兴	0.1190	0.1156	0.1152	0.1171	0.1120
合肥	0.1029	0.1061	0.1031	0.1071	0.1141
宁波	0.1095	0.1118	0.1110	0.1132	0.1145
台州	0.1333	0.1347	0.1320	0.1374	0.1430
绍兴	0.1825	0.1813	0.1811	0.1680	0.1576

珠三角城市群普遍呈现出产业多元化的发展趋势，9 个城市中有 7 个城市的赫芬达尔指数有所上升（见表 3.8）。这是由于珠三角城市群多数城市已经处于工业化发展后期，具有良好的经济发展基础，在新一代信息技术的浪潮下，推动产业多样化发展的探索更为积极，多数城市在规划中提及了“推动支柱产业、新兴产业、未来产业的共同发展”的目标。

表 3.8　2013—2018 年珠三角城市群赫芬达尔系数

地区	2013 年	2014 年	2015 年	2016 年	2017 年	2018 年
东莞	0.2519	0.2776	0.2848	0.3384	0.3322	0.3422
佛山	0.1173	0.1221	0.1180	0.1199	0.1116	0.1196
广州	0.1267	0.1353	0.1441	0.1547	0.1830	0.1884
惠州	0.3238	0.3079	0.3179	0.2964	0.2969	0.2872
江门	0.0873	0.0966	0.0967	0.0937	0.0867	0.0942
深圳	0.4661	0.4656	0.4817	0.4724	0.4682	0.4887
肇庆	0.1225	0.1214	0.1187	0.1156	0.1260	0.1313
中山	0.1247	0.1262	0.1262	0.1217	0.1439	0.1413
珠海	0.1805	0.1925	0.2075	0.1929	0.1555	0.1521

从中原与哈长城市群看，核心城市如郑州、哈尔滨等地，赫芬达尔系

数近年来呈现出持续扩大的趋势，表明这些城市产业发展的多元化程度不断上升；相比之下，洛阳、菏泽、长治、齐齐哈尔等资源型城市的赫芬达尔指数呈现出不断下降的趋势，表明这些城市仍然较多依靠资源禀赋发展主导产业，产业转型升级难度较大（见表3.9、表3.10）。

表3.9　2013—2017年中原城市群赫芬达尔系数

地区	2013年	2014年	2015年	2016年	2017年
郑州	0.1620	0.1581	0.1607	0.1582	0.1636
洛阳	0.1093	0.1133	0.1105	0.1083	0.1073
商丘	0.0942	0.0956	0.0987	0.0993	0.1020
信阳	0.1339	0.1348	0.1359	0.1382	0.1398
三门峡	0.1289	0.1338	0.1349	0.1288	0.1404
菏泽	0.1210	0.1183	0.1142	0.1140	0.1116
长治	0.1801	0.1655	0.1524	0.1337	0.1213

表3.10　2013—2017年哈长城市群部分城市赫芬达尔系数

地区	2013年	2014年	2015年	2016年	2017年
哈尔滨	0.0991	0.1053	0.1119	0.1202	0.1100
齐齐哈尔	0.1072	0.1014	0.1214	0.1103	0.1068
长春	0.4615	0.4716	0.4526	0.4315	0.4471
四平	0.1063	0.1076	0.1111	0.1187	0.1195

3. 从产业迁移情况看，长三角、珠三角、中原城市群中心城市的虹吸效应不断增强，周边城市不断承接中心城市的产业转移，产业形成优势互补、协调发展的格局；哈长城市群产业未发生较大规模转移

产业集聚过程伴随着产业从某一地区向另一地区的转移，产业转移的动力来自转入地比迁出地更具有优势（该优势可以是转入地的生产要素优势，也可以是产业发展的软环境），提高了集群内部的资源利用效率，同时产业集群梯度效应在发挥的过程中，有利于集聚区产业链的延长与扩展、加强产业分工与专业化。

在长三角城市群，内部产业调整大体呈现出以下几点规律：一是劳动密集型产业与高污染产业从中心城市向周边转移趋势明显，纺织服装、鞋、帽制造业，农副食品加工业，饮料制造业等劳动密集型产业，以及有色金属冶炼及压延加工业，黑色金属冶炼及压延加工业，非金属矿物制品业，石油加工、炼焦及核燃料加工业等高污染产业是上海、合肥、南京、杭州等区域中心城市外移最显著的产业；二是各城市主导产业得到进一步强化，如杭州、南京的通信设备、计算机及其他电子设备制造业，无锡、嘉兴、绍兴、安庆的纺织服装业，宁波的石油加工、炼焦及核燃料加工业等，不仅本身具有良好的发展基础，且近5年来也进一步承接了来自周边城市的转移，表明长三角城市群能够充分发挥比较优势、做强做大各地主导产业；三是技术密集型产业不断转入较为发达的城市，其中，通信设备、计算机及其他电子设备制造业主要由无锡、宁波向南京、杭州、合肥转移，医药制造业主要由台州向南京、绍兴等地转移，仪器仪表制造业主要由南通、盐城、台州向无锡、镇江、杭州转移（见表3.11）。

表3.11　2013—2017年长三角城市群产业区位熵变动情况

地区	增长的前三位行业 （承接产业）	萎缩的前三位行业 （转出产业）
上海	食品制造业；化学原料及化学制品制造业；农副食品加工业	有色金属冶炼及压延加工业；纺织服装、鞋、帽制造业；通信设备、计算机及其他电子设备制造业
合肥	食品制造业；造纸及纸制品业；通信设备、计算机及其他电子设备制造业	黑色金属冶炼及压延加工业；非金属矿物制品业；饮料制造业
安庆	纺织服装、鞋、帽制造业；医药制造业；饮料制造业	农副食品加工业；黑色金属冶炼及压延加工业；石油加工、炼焦及核燃料加工业
南京	通信设备、计算机及其他电子设备制造业；医药制造业；黑色金属冶炼及压延加工业	农副食品加工业；纺织服装、鞋、帽制造业；金属制品业

续表

地区	增长的前三位行业（承接产业）	萎缩的前三位行业（转出产业）
无锡	仪器仪表及文化、办公用机械制造业；黑色金属冶炼及压延加工业；纺织服装、鞋、帽制造业	化学原料及化学制品制造业；通信设备、计算机及其他电子设备制造业；非金属矿物制品业
南通	农副食品加工业；非金属矿物制品业；石油加工、炼焦及核燃料加工业	交通运输设备制造业；仪器仪表及文化、办公用机械制造业；金属制品业
盐城	通信设备、计算机及其他电子设备制造业；非金属矿物制品业；有色金属冶炼及压延加工业	纺织业；饮料制造业；仪器仪表及文化、办公用机械制造业
镇江	非金属矿物制品业；有色金属冶炼及压延加工业；仪器仪表及文化、办公用机械制造业	通用设备制造业；食品制造业；黑色金属冶炼及压延加工业
杭州	通信设备、计算机及其他电子设备制造业；食品制造业；仪器仪表及文化、办公用机械制造业	黑色金属冶炼及压延加工业；非金属矿物制品业；石油加工、炼焦及核燃料加工业
宁波	石油加工、炼焦及核燃料加工业；黑色金属冶炼及压延加工业；交通运输设备制造业	农副食品加工业；通信设备、计算机及其他电子设备制造业；食品制造业
嘉兴	造纸及纸制品业；金属制品业；纺织业	纺织服装、鞋、帽制造业；非金属矿物制品业；农副食品加工业
绍兴	医药制造业；通用设备制造业；纺织服装、鞋、帽制造业	有色金属冶炼及压延加工业；饮料制造业；金属制品业
台州	专用设备制造业；非金属矿物制品业；金属制品业	仪器仪表及文化、办公用机械制造业；医药制造业；交通运输设备制造业

资料来源：各城市统计年鉴。

在珠三角城市群，三大都市圈呈现出不同发展规律。深莞惠都市圈制造业在维持传统优势产业地位的前提下，呈现出更为多元化发展特征。在深圳，一方面，电子信息产业中的制造不断向周边城市东莞转移，而高附加值的技术研发则更多留在深圳。另一方面，制造业呈现出更为多元化的发展，以汽车制造业为例，2013 年深圳汽车制造产业总产值仅为 393 亿元，2018 年已经达到 981 亿元，成为第四大产业集群。

惠州和东莞在承接深圳产业转移的同时，更加注重产业的多元化发展，如惠州的通用设备制造业由2008年的25亿元拓展至2018年的244亿元，东莞的专用设备制造业由2008年的152亿元拓展至2018年的538亿元。广佛肇都市圈则更加注重强化核心优势产业，如广州不断做大做强汽车制造业，使其在珠三角的优势进一步扩大，佛山与肇庆承接广州的传统产业转移、不断做大做强传统优势产业。珠中江都市圈近年来十分注重培育壮大先进制造业产业集群，仪器仪表制造业、医药制造业等成为增长最快的行业，江门更多受广州影响，承载了食品制造、纺织服装等产业的转移（见表3.12）。

表3.12　2013—2017年珠三角城市群产业区位熵变动情况

地区	增长的前三位行业（承接产业）	萎缩的前三位行业（转出产业）
广州	石油加工、炼焦和核燃料加工业；汽车制造业；医药制造业	纺织服装业；农副食品加工业；酒、饮料和精制茶制造业
深圳	酒、饮料和精制茶制造业；有色金属冶炼和压延加工业；汽车制造业	电子信息；通用设备制造业；金属制品业
珠海	石油加工、炼焦和核燃料加工业；仪器仪表制造业；医药制造业	电气机械；造纸和纸制品业；电子信息
佛山	有色金属冶炼和压延加工业；黑色金属冶炼和压延加工业；纺织业	专用设备制造业；造纸和纸制品业；电子信息
惠州	通用设备制造业；化学原料和化学制品制造业；纺织服装业	石油加工、炼焦和核燃料加工业；黑色金属冶炼和压延加工业；电子信息
东莞	专用设备制造业；金属制品业；黑色金属冶炼和压延加工业；电子信息	仪器仪表制造业；酒、饮料和精制茶制造业；农副食品加工业
中山	通用设备制造业；化学原料和化学制品制造业；仪器仪表制造业	食品制造业；有色金属冶炼和压延加工业；医药制造业
江门	食品制造业；造纸和制品业；纺织业	黑色金属冶炼和压延加工业；汽车制造业；非金属矿物制品业
肇庆	非金属矿物制品业；酒、饮料和精制茶制造业；金属制品业	有色金属冶炼和压延加工业；纺织业；电子信息

中原城市群，从产业结构迁移趋势上看，中心城市郑州表现出较强的虹吸效应，外围城市产业布局呈现出多元化趋势。一是中心城市郑州不断转入技术密集型与资本密集型产业、转出劳动密集型产业。与2013—2017年相比，郑州市萎缩最为严重的行业是纺织服装、食品制造业等，增长最为显著的是仪器仪表制造、电气机械与金属制品业。二是多数城市存在技术密集型产业萎缩的情况，如商丘、信阳的仪器仪表制造业，菏泽的医药制品业均呈现出较为显著的转出趋势，与此同时，郑州的仪器仪表制造业、医药制造业则呈现出较强的增长趋势，中心城市表现出较强的虹吸效应。三是多数城市承接的产业并非传统优势产业，如洛阳承接的金属制品业、有色金属冶炼及压延加工业、纺织服装业，信阳承接的黑色金属冶炼及压延加工业，通用设备、计算机及其他电子设备制造业等，都并非这些城市的传统优势产业，菏泽承接的非金属矿物制品业、食品制造业，近些年得到了快速发展，这在促进当地产业多元化发展的同时，也分散了一定的生产资源，不利于核心产业进一步做大做强（见表3.13）。

表3.13　2013—2017年中原城市群产业区位熵变动情况

地区	增长的前三位行业（承接产业）	萎缩的前三位行业（转出产业）
郑州	仪器仪表制造业；电气机械；金属制品业；医药制造业	纺织服装；食品制造业；通用设备制造业
洛阳	纺织服装；金属制品业；有色金属冶炼及压延加工业	专用设备制造业；黑色金属冶炼及压延加工业；电气机械
商丘	通用设备制造业；非金属矿物制品业；专用设备制造业	仪器仪表制造业；电气机械；食品制造业
信阳	非金属矿物制品业；黑色金属冶炼及压延加工业；通用设备、计算机及其他电子设备制造业①	仪器仪表制造业；农副产品加工业；纺织服装

① 根据2019年信阳市国民经济与社会发展统计公报，信阳市工业五大主导产业包括装备制造、食品制造、新型材料制造、电子制造、汽车制造等五大产业中的工业相关行业。

续表

地区	增长的前三位行业 （承接产业）	萎缩的前三位行业 （转出产业）
三门峡	石油加工、炼焦及核燃料加工业；有色金属冶炼及压延加工业；农副食品加工业	化学原料及化学制品制造业；褐色金属冶炼及压延加工业；造纸及纸制品业
菏泽	化学原料及化学制品业；非金属矿物制品业；食品制造业	纺织服装业；造纸及纸制品业；医药制造业
长治	石油加工、炼焦及核燃料加工业；黑色金属及压延加工业；化学原料及化学制品业	非金属矿物制品业；金属制品业；纺织服装

在哈长城市群的产业结构较为稳定，近些年产业发展重心仍在传统工业领域，未发生较大产业迁移。如2013—2017年哈尔滨、齐齐哈尔、长春、四平的赫芬达尔系数，除四平有明显扩大的趋势外，哈尔滨、齐齐哈尔、长春并未有显著变化趋势，产业转移并不明显。

4. 从产业相似性看，长三角与珠三角城市群的产业化程度较高，中原与哈长城市群依托资源布局产业同质化程度相对较低

产业同质化是指在同一市场需求的条件下，不同区域范围内布局同类产业、生产经营同类产品的普遍现象。产业同质化使区域内产业结构呈“块状分布”，不利于资源优化配置，会产生产业效率较低、内部竞争消耗过大、竞争力低下等问题。

长三角产业同质化程度始终较高，且呈现出逐年上升的态势。在长三角城市群中，有超过10个省份的产业结构相似度呈现出上升的态势，其中，合肥、无锡、南通、杭州、宁波等城市与整个长三角地区的产业结构相似度超过90%。此外，2013年，产业结构同质化数量最多的城市是合肥、镇江与宁波（见表3.14）；2017年，产业结构同质化的城市数量进一步上升，除了合肥、镇江与宁波三个城市外，安庆、嘉兴、南通、绍兴4个城市也呈现出产业同质化的趋势，且产业结构相似度超过

90%（见表3.15）。产业相似度不断提高表明长三角城市群内部存在较强的同质化竞争，跨区域的产业协作体系还有待进一步构建。

表3.14　2013年长三角城市群产业结构最相似的地区

地区	相似度最高的地区	地区	相似度最高的地区	地区	相似度最高的地区
合肥	镇江	盐城	南通	绍兴	盐城
安庆	嘉兴	镇江	合肥	台州	合肥
南京	上海	杭州	南通	上海	南京
无锡	南京	宁波	合肥	嘉兴	安庆
南通	杭州				

表3.15　2017年长三角城市群产业结构最相似的地区

地区	相似度最高的地区	地区	相似度最高的地区	地区	相似度最高的地区
合肥	镇江	盐城	南通	绍兴	嘉兴
安庆	嘉兴	镇江	合肥	台州	上海
南京	上海	杭州	无锡	上海	南京
无锡	杭州	宁波	合肥	嘉兴	南通
南通	嘉兴				

在珠三角城市群，广佛肇、珠中江、深莞惠三大都市圈呈现出不同的特征。其中深莞惠的产业相似度极高，东莞与深圳、惠州与深圳的产业相似度分别达到99%、94%，近年来呈现出不断提升的态势，产业呈现出一体化发展的态势；广佛肇则呈现出错位发展的趋势，广州与佛山之间的产业相似度仅为42%，广州以汽车制造、电子信息等传统制造业为主导产业，而佛山则以电气机械、金属制品等传统制造业为主，近年来随着广佛同城的不断发展，广州、佛山之间的产业合作不断增强，二者之间的产业相似度也呈现出上升趋势；珠中江都市圈的产业布局则更多呈现出区位优势主导的特征，珠海与中山的产业相似度较高，达到96%，而对江门市的辐射带动能力则相对较弱，相比之下，江门市与距离更近的佛山市产业相似度更高（见表3.16）。

表 3.16　2018 年珠三角各城市产业相似系数变动情况

	东莞	佛山	广州	惠州	江门	深圳	肇庆	中山	珠海
东莞	1.00	0.33	0.40	0.94	0.44	0.99	0.35	0.71	0.78
佛山	0.33	1.00	0.42	0.35	0.80	0.28	0.62	0.86	0.76
广州	0.40	0.42	1.00	0.48	0.62	0.40	0.36	0.47	0.52
惠州	0.94	0.35	0.48	1.00	0.50	0.94	0.36	0.70	0.81
江门	0.44	0.80	0.62	0.50	1.00	0.37	0.79	0.74	0.70
深圳	0.99	0.28	0.40	0.94	0.37	1.00	0.29	0.68	0.76
肇庆	0.35	0.62	0.36	0.36	0.79	0.29	1.00	0.48	0.40
中山	0.71	0.86	0.47	0.70	0.74	0.68	0.48	1.00	0.96
珠海	0.78	0.76	0.52	0.81	0.70	0.76	0.40	0.96	1.00

与长三角与珠三角城市群相比，中原城市群与哈长城市群依托各地资源优势布局，产业同质化程度较低。中原城市群内部虽然存在一定程度的产业同构问题，但与长江三角洲城市群相比同质化程度较低，且近年来随着产业的转移与承接，各城市之间的产业同质化程度有所下降。这是因为中原城市群各城市的发展水平不同，产业结构相差明显。西部地区多为山区，城市多为资源型城市，如平顶山、济源、洛阳，煤炭和有色金属资源蕴藏丰富；而东部地区多为平原，是国家粮食主产区，工业基础薄弱。各城市产业发展多依赖各地资源禀赋，其在承接全国产业过程中会选择更加贴近其资源禀赋的产业，使得各城市不断强化优势产业，各地主导产业呈现出差异化发展的态势①（见表 3.17）。

表 3.17　2017 年中原城市群产业相似度

	郑州	洛阳	商丘	信阳	三门峡	菏泽	长治	中原城市群
郑州	1.0000	0.5043	0.3964	0.5870	0.5466	0.3316	0.4105	0.8765
洛阳	0.5043	1.0000	0.3583	0.4788	0.8265	0.4350	0.3945	0.7210
商丘	0.3964	0.3583	1.0000	0.6503	0.3404	0.7639	0.3143	0.6859

① 丁俊．珠江三角洲城市群工业生产空间的演变及影响机制研究［D］．北京：中国科学院大学，2017.

续表

	郑州	洛阳	商丘	信阳	三门峡	菏泽	长治	中原城市群
信阳	0.5870	0.4788	0.6503	1.0000	0.5869	0.6368	0.3735	0.8026
三门峡	0.5466	0.8265	0.3404	0.5869	1.0000	0.3983	0.3668	0.7210
菏泽	0.3316	0.4350	0.7639	0.6368	0.3983	1.0000	0.4229	0.6744
长治	0.4105	0.3945	0.3143	0.3735	0.3668	0.4229	1.0000	0.5293
中原城市群	0.8765	0.7210	0.6859	0.8026	0.7210	0.6744	0.5293	1.0000

哈长城市群一直保持东北老工业时期形成的资源型与重化工型的传统产业结构，产业发展过分依赖土地、煤炭、油气资源。因此，各地不同的资源禀赋也使得主导产业呈现出较大差异。此外，哈长城市群产业以大型国有企业为主导，在当地市场几乎处于垄断地位，也抑制了产业多元化的发展趋势，虽然降低了产业同质化程度，但“一业独大”“一企独大”的结构也会带来较大经营风险，不利于激发当地经济的发展活力。

5. 从产业创新性看，长三角与珠三角城市群产业链创新性相对较强，但四大城市群产业链自主性、完整性、创新性均有待增强

在长三角城市群，产业链过度集中在某些重点环节，产业业态闭环尚未形成。一是产业链低端比重大，中高端比重小。科技含量高的产品生产相对较少，企业自主创新能力总体较弱，先进制造业、高新技术产业比重明显偏低；根据 Wind 数据测算，在医药制造业，中药与西药制造业占比达到 85.05%，生物科技占比为 11.85%。在计算机、通信和其他电子设备制造业领域，电子设备和仪器产业占比为 28.42%，电子元件占比为 19.42%，半导体产品占比不足 18.6%。二是产业链普遍不完整，产业链呈片状化。例如，在汽车制造领域，汽车制造占比达到 69.62%，机动车零配件与设备占比不足 30%。从整体上看，产业配套和产业集聚都有待形成。由于产业链发展的不完整或链核缺失，且辐射带动作用有限，产业无法提升内生发展能力，产业集聚效应较差（见图 3.8）。

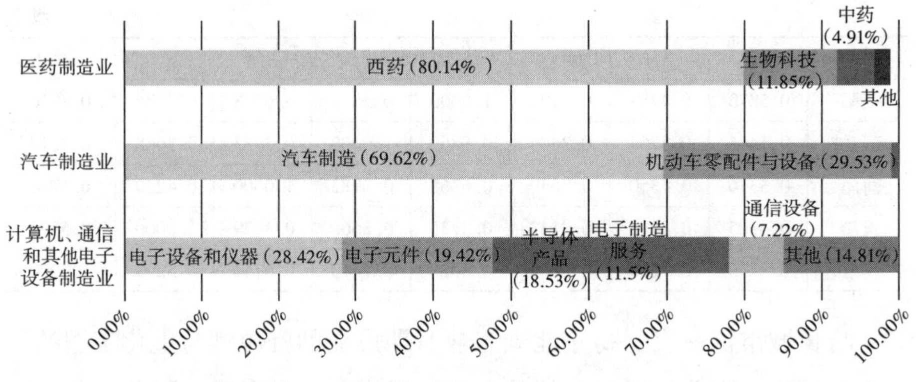

图 3.8　长三角城市群产业链分布情况

资料来源：根据 Wind 数据库整理。

在珠三角城市群，产业链核心环节缺失、中心城市辐射带动作用有限、周边城市产业承载配套能力有限，导致产业无法形成内生发展动力。一是产业链更多集中在核心城市以及某些较为低端的环节，科技含量高的产品生产相对较少。以电子信息产业为例，根据 Wind 数据库提供的新三板上市公司数据，影视录放设备、电子元件、印刷、计算机零部件等占比达到 75.8%，而与新一代信息技术有关的设备占比，如集成电路、光电子制造、半导体等占比仅为 24.2%，企业自主创新能力总体偏弱。二是核心城市创新能力仍然较弱，与长三角、京津冀有较大差距。与北京、上海相比，深圳、广州的创新能力特别是在基础研究方面仍然较弱，2018 年深圳 R&D 投入强度为 4.2，广州 R&D 投入强度仅为 2.8，相比之下，北京、上海 R&D 投入强度分别达到 6.17、4.16。广州、深圳每万人拥有专利数分别为 39.2 件、89 件，上海 53.5 件，北京则达到 132 件。珠三角城市群与长三角、京津冀城市群相比，核心城市的自主创新能力仍待提高。2018 年广州、深圳发明专利授权量分别为 1.1 万件、2.1 万件，低于北京、上海的 5.7 万件、4.1 万件（见表 3.18）。三是周边城市创新能力不足，难以承载产业转移。一方面，广州、深圳已处于工业化后期，工业化和城镇化水平较高，工业发展空间有限，再加上“退二进三”和产业转移的实施，使其工业生产空间扩展缓慢甚至停滞，城市空间开发利用方式以存量用地的二次开发为主。另一方面，珠三角城市群边缘区虽较多闲置土地，但城市经济发展基础差、产业层次低、创新资源缺乏、人才供给不足、科技基础相对薄弱，仍以机械制造、金属冶炼、纺织、食品、化工等中低端制造业为主导，产业承载能力有限，产业配套和产业集聚都有待进一步提升（见图 3.9）。

表 3.18　核心城市创新指标对比

指标	北京	上海	广州	深圳
R&D 投入强度	6.17	4.16	2.8	4.2
每万人拥有专利数/件	132	53.5	39.2	89
专利授权量/万件	5.7	4.1	1.1	2.1

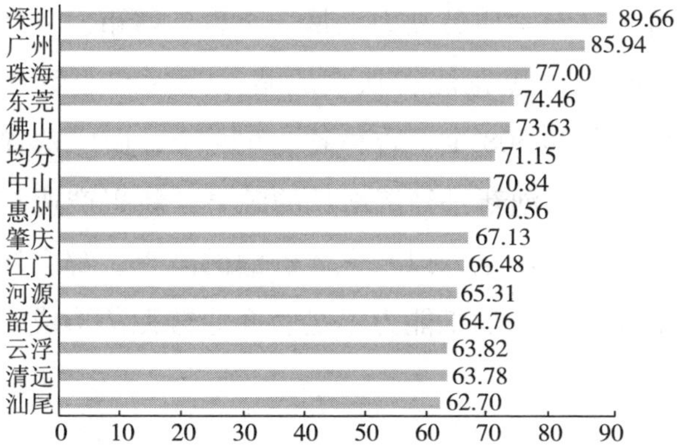

图 3.9　珠三角各城市综合创新能力得分

资料来源：珠三角 14 个城市综合创新能力测评及排名。

在中原城市群，产业链创新性与配套能力均较弱。在产业链创新方面，河南省每万人的科技人才仅为全国平均水平的一半，由此导致中原城市群的优势产业主要集中在农业和第二产业的制造环节。在自主创新方面，河南有高新技术企业 1353 家，湖北、安徽、湖南三省则分别有 3300 家、3157 家、2168 家高新技术企业。2016 年，河南 R&D 经费为 490 亿元，湖北、四川则分别为 620 亿元、561 亿元，中原城市群的自主创新能力还远远落后于其他城市群；在产业链配套方面，中原城市群产业之间缺乏关联，配套能力不强，产业链短，特别缺乏处于生产链顶端的配套产业，无法满足转移企业对于原材料、产业与服务的要求，这就增加了落地企业的生产成本，延长了产品周转期，降低了生产效率，抵消了转移效益，并在一定程度上制约了中原城市群的产业升级，也抑制了产业发达地区的产业转移①。

哈长城市群的创新能力仍然较为落后，新兴产业发展不足。在专利申请方面，哈长城市群科研能力排名比较靠后，作为核心城市之一的长春市专利授权数仅为全国第50名（见表3.19）。在科研投入方面，黑龙江省与吉林省科研经费投入仅为100亿元左右，是广东省科研经费投入的1/30。在后备力量人才供给方面，近年来，哈长城市群人口流失严重，劳动力特别是高素质劳动力大量迁至省外城市。从新兴产业发展情况看，2018年年末，黑龙江省从事战略性新兴产业生产的规模以上工业企业法人单位数为508个、吉林省为554个，而广东省则高达4805个（见表3.20）。技术创新是经济增长的源泉，新兴产业与高端制造发展的滞后、科技投入的不足，以及人才资源的匮乏，都会导致产业上游的研发设计环节缺失、深加工能力不足、产业链无法形成闭环，阻碍产业集群的进一步发展。

表3.19　2018年哈长城市群市级专利授权情况

城市	专利授权数/件	排名
长春市	10268	50
大庆市	1875	151
吉林市	1237	184
四平市	652	223
牡丹江市	570	232

① 李文峰. 河南省承接产业转移的现状及对策研究[J]. 河南牧业经济学院学报，2016，29(1)：30－32.

续表

城 市	专利授权数/件	排名
松原市	277	260
辽源市	205	266

资料来源：《中国城市统计年鉴（2019）》，部分地级市未公布数据，不计入排名。

表 3.20　2018 年战略性新兴产业及高技术产业发展对比

		黑龙江	吉林	广东
战略性新兴产业生产的规模以上工业企业法人单位/个	总和	508	554	4805
	新材料产业	70	—	418
	生物产业	142	302	711
	节能环保产业	102	61	630
	新能源产业	—	83	271
高技术产业（制造业）	总和	169	—	8525
	R&D 经费支出/亿元	6.0	9.7	1124.7

资料来源：各省第四次全国经济普查公报，空缺值为未公布数据。

四大城市群产业空间布局对比情况如表 3.21 所示。

表 3.21　四大城市群产业空间布局对比情况

	长三角城市群	珠三角城市群	中原城市群	哈长城市群
产业集中度	集群规模大、多中心分布、集中度较低	集群规模大、多中心分布、集中度较低	集群规模小、单中心、集中度较高	集群规模小、单中心、集中度较高
产业布局均衡性	中心城市群产业集中度上升、周边城市产业多元化发展	产业多元化发展	资源型城市产业集中度上升，其余城市多元化发展	资源型城市产业集中度上升，其余城市多元化发展
产业迁移情况	中心城市虹吸效应不断增强，周边城市不断承接中心城市产业转移	深莞惠产业多元化发展；广佛肇更加注重强化核心优势产业；珠中江培育先进制造业集群	中心城市郑州表现出较强的虹吸效应，周边城市产业布局呈现出多元化趋势	产业结构较为稳定，产业发展重心仍在传统优势工业领域
产业相似度	产业同质化程度始终较高，且呈现逐年上升的态势	深莞惠产业相似度极高，广佛肇呈现错位发展，珠中江产业相似度与区位有关	依托各地资源优势布局，产业同质化程度较低	依托各地资源优势布局，产业同质化程度较低

续表

	长三角城市群	珠三角城市群	中原城市群	哈长城市群
产业创新性	产业链过度集中在某些重点环节，产业业态闭环尚未形成	产业链核心环节缺失、中心城市辐射带动作用有限、周边城市产业承载配套能力有限，导致产业无法形成内生发展动力	产业链创新型与配套能力均较弱	创新能力较为落后，新兴产业发展动力不足

四、优化我国产业空间布局的对策

（一）调整区域性支持政策的重点

为推动形成区域高质量协调发展的新格局，建议实行差异化的空间管控和区域援助政策，尤其要根据国家战略需求和共同富裕要求，对不同地区因地制宜给予相应的政策支持。推动东、中、西、东北四大板块制造业空间布局优化的方向和重点在于，东部率先重在创新引领，中部崛起重在发挥优势，西部开发重在强化举措，东北振兴重在改革。

东部地区进入率先推动高质量发展阶段，应把握住新一轮科技和产业革命带来的机遇，构建完善的技术创新服务体系，积极引进国外先进技术、改造传统工业、开拓新兴产业，破除对低附加值制造业的路径依赖，强化产业链的配置；推动劳动密集型制造业向中、西部地区的加速转移，实现对中部、西部地区的辐射作用，促进东部地区经济中心与中西部地区经济腹地相结合，依托东部地区经济中心，形成经济网络和经济腹地；积极探索和推广“飞地经济”的合作模式，鼓励跨省或在本省内部欠发达地区合作共建产业园区，不断加强区域间的技术创新合作，加速技术溢出。

中部地区将会是未来中国工业化和城镇化的重要承载区，应进一步扩大国际和国内市场开放，着力改善投融资环境，积极承接东部地区的产业转移，实现比较优势的动态爬升；按照“优势互补、互利互惠、合作共生”的原则统筹地区间分工与协作关系，挖掘符合自身发展优势的差异化发展道路，不断提高垂直分工、水平分工和混合分工程度，充分发挥本地区的产业特色，促进具有地区特色的专业化产业区的形成和地区产业专业化程度的提高，改善制造业本身的分布状况。

西部地区的工业体系和国民经济体系已经初具规模，各省份要继续扩大投入，加快基础设施建设，不断完善自身条件，承接符合地域资源优势的产业转移，并根据当地自然条件、资源条件和市场条件，重点加强优势资源跨区域开发合作。继续深化开放，把握好“一带一路”建设机遇，利用国内外两个市场，突破传统的地缘政治，采用市场化的运作方法，调动各方面的积极性，与沿线国家进行产能合作、经贸合作、人文合作、基础设施合作等，吸引人流、物流等的不断进入，共同开发西部地区。

东北地区是我国传统的老工业基地，振兴东北必须加大针对体制性和结构性矛盾的改革力度，重点突破重工业比重大、民营经济弱、人才流失多等突出问题，进一步更新思想观念、转变发展策略、改善营商环境、深化开放合作，推动东北地区焕发新的生机与活力。依托东北农业基地，构建农业科技协同创新机制，打造农业科技协同创新增长极，尝试走出一条农业率先现代化带动其他产业转型的特色发展道路。

（二）构建地方政府间利益协调制度框架

加快制度创新，积极探索制度化的区域合作机制，构建地方政府间的利益协调和平衡的制度框架，推动产业一体化发展。一是探索行政管辖权与经济开发权适当分离的路径，形成有利于生产要素自由流动和高效配置的良好环境，促成区域产业分工与协作。二是鼓励跨行政区域的政府合作组织处理地区间关系，实现多层次协调互动，并通过检查、督查、评估等多种方式，推动各项工作落实到位。重点打造地区经济协作和技术、人才合作的多平台的政府合作载体，为规范地区间竞争行为，鼓励和支持地方间的对话、交流与合作，建立完善统一的市场体系等创造条件。三是制定和出台区域经济合作相关的法律法规，不断强化和完善行政契约制度，建立一系列由地方政府之间共同执行的政府行为准则和市场游戏规则，调节地方政府之间的利益关系做到有法可依，对阻碍要素和商品合理流动的分割市场行为做到执法必严，保障全国统一大市场的形成。四是充分发挥制度文化因素在产业布局中的作用，通过区域文化融合，拉近不同地区企业之间、企业与客户之间的交流距离，降低交流成本和交易成本，增进彼此之间的信任，促进要素流动和区际贸易，推动区域产业一体化发展。

（三）促进以产业链分工为基础的区域协同发展

以避免同质化竞争为方向，探索推进跨区域产业合作机制、利益共享机制、对口合作机制等建设，加快推进形成不同区域间以产业链分工为基础的产业协调发展体系，积极打造跨省市的制造业区域性产业集群①。

第一，建立产业合作机制。优化产业布局旨在发挥中国东西部地区的比较优势，提高资源要素在整个国土空间范围内的配置效率。这就需要跳出传统上以行政区为基本单元的经济发展模式，突破行政区划限制，从大区域、大产业的角度，整合优化资源配置，调整产业空间布局，在不同区域之间形成以产业链分工为基础的产业协调发展体系，实现比较优势互补，促进地区之间产业联动发展。为此，需着重加强两方面的体制创新：一是创新区域合作的体制机制，可首先选择条件较好的地区，合作建立跨行政区的产业园区，鼓励其在合作方式、政策协调、税收分成、土地指标、统计指标和节能减排指标分享分担方面积极探索，为进一步引导和推动东中西部地区在更广范围、更高层次上开展交

---

① 罗胤晨，谷人旭．1980—2011 年中国制造业空间集聚格局及其演变趋势[J]．经济地理，2014（7）：87－89；丁文珺，杜志明．我国制造业发展四十年：成就、新形势与转型思路[J]．经济纵横，2018（8）：70－79.

流与合作奠定基础。

第二，加快构建跨区域的资源收益共享机制。确保资源收益分配公平性是实现产业布局优化的前提。重点是理顺资源输出地和资源输入地间的上下游价格关系，在地方政府间构建公平合理的税基共享机制，平衡地区差异，逐步解决“税收税源背离”的问题。

第三，深化对口合作机制①。建立中西部及东北地区与东部发达地区全面合作机制，抓住“一带一路”新机遇，实行东北振兴战略、西部大开发战略、中部崛起战略与京津冀协同发展、长江三角洲区域一体化发展、粤港澳大湾区建设三大战略联动，开创中西部及东北与东部发达地区全面合作新局面。全面拓宽合作领域，加强干部交流，促进干部观念转变和素质提高。鼓励和支持北京非首都核心功能向中西部及东北地区转移扩散，利用首都品牌、人才、技术和管理经验优势，在中西部及东北地区建立科研成果转化和产业化基地。鼓励中西部及东北地区加强产业园区合作，引进东部发达地区先进管理理念、经验和人才，并采取税收分成等方式引进转移产业，实现利益共享。

（四）完善跨区域产业承接与转移的机制

推动欠发达地区交通基础设施与信息基础设施建设，促使人流、物流、信息流更加方便快捷，有选择地推进具有地域资源优势的专业化产业集聚发展，将以往地区间“点”的联系改变为点—线—带（面）的连接与覆盖，加速经济活动的空间重构，推动产业在更大的空间范围内进行优化布局。

第一，适应“一带一路”建设和高质量区域协调发展的需要，进一步优化完善全国综合交通运输网络。要加大对中西部和东北地区交通设施建设支持力度，加快西宁至成都、川藏、新藏、滇藏等铁路规划建

① 魏后凯，年猛，李功．“十四五”时期中国区域发展战略与政策[J]．中国工业经济，2020(5)：5－22.

设，继续完善“一带一路”陆路国际运输通道、中西部连接沿海主要港口运输通道以及城市群之间的运输通道，加强边境口岸及其连接线、沿边公路建设。同时，要鼓励相邻地区联合建立港口、机场、高铁站等重大设施，统筹中西部地区综合交通枢纽规划建设，避免因选址不合理和功能定位不准确而造成重复建设、恶性竞争以及基础设施利用率不高等现象。

第二，率先在城市群或都市圈内推进交通基础设施互联互通，以加快其内部一体化进程。一是推进长三角等世界级城市群以及其他国家级和区域级城市群内主要城市之间形成互联互通的高铁或动车网络，同时应科学规划城市群内港口、机场等重大交通基础设施的建设和布局。二是加快推进一些超大、特大城市的地铁、轻轨以及其他市政交通网络向周边经济联系比较紧密的城市进行延伸，以提高都市圈一体化水平。

第三，在信息资源配置和信息化建设方面，加大对中西部欠发达地区的支持力度。随着信息时代的到来，传统地理空间距离不再是经济往来的主要阻碍，中西部欠发达地区可以充分利用现代信息技术来弥补现有区位劣势，实现跨越式发展。为支持中西部欠发达地区在信息网络基础设施建设、政务信息化建设、数字乡村建设以及信息服务业培育等领域发展，中央政府可以在财政、税收、金融、人才培训等方面给予相应的政策支持。

（五）构建区域中心城市的协同创新共同体

创新驱动是引领产业发展的重要引擎，对产业空间转移具有重要影响。应以创新驱动为引擎，围绕产业链创新链优化产业空间布局。第一，应围绕国家产业体系的关键环节或重点领域，与以国家实验室为核心的国家创新中心联合布局，加强产学研融合发展，共同形成集人才培育、技术研发、产业化和市场营销与服务等于一体的新型地域经济综合体。第二，注重知识创新、技术创新，更要推动机制创新，充分发挥市场机制在综合体构建中的作用，在要素组合过程中引入市场竞争机制和容错机制，避免计划经济下地域综合体发展僵化等问题。第三，以国家创新体系枢纽、节点为核心，以由跨省域的若干城市群（都市圈、中心城市）为主要载体，组织培育跨省市创新中心，布局应重点考虑京津冀联动环渤海，以长三角地区为龙头联合长江中游城市群，以粤港澳大湾区为核心联动海峡西岸和北部湾地区，成渝双城联动贵州、哈（哈尔滨）长（长春）及周边区域、汾渭谷地、蒙陕宁接壤区、天山南北坡—柴达木盆地等。

执笔人：杨白冰、姚晓明

参考文献

[1]白小明．中原城市群一体化发展的对策建议——基于城市间分工协作的视角[J]．科技和产业,2018,18(12):41－44.

[2]晁恒,马学广,李贵才．珠江三角洲地区多中心空间结构的特征及演变[J]．地域研究与开发,2014,33(6):12－18.

[3]陈东．区域一体化演变趋势与我国中长期应对策略[J]．中国科学院院刊,2020,35(7):806－813.

[4]戴华仁,徐姝．长株潭城市群承接沿海产业转移的区域差异性分析与路径优化选择[J]．社会科学家,2020(5):39－45.

[5]丁俊,王开泳．珠江三角洲城市群工业生产空间格局、形态特征及影响因素[J]．地理科学进展,2016,35(5):610－621.

[6]丁文珺,杜志明．我国制造业发展四十年:成就、新形势与转型思路[J]．经济纵横,2018(8):70－79.

[7]杜立柱,张毅．新常态下哈长城市群发展战略研究[J]．城市发展研究,2016,23(6):82－87.

[8]樊杰．我国"十四五"时期高质量发展的国土空间治理与区域经济布局[J]．中国科学院院刊,2020,35(7):796－805.

[9]郭婧,程广明,许磊．探索珠三角城市群科技服务业与制造业的

深度融合发展[J]. 广东经济,2020(4):46－49.

[10]郭文尧,王西. 东北地区经济发展的困境及新动能培育[J]. 企业经济,2018(12):156－163.

[11]胡霞,古钰. 粤港澳大湾区城市产业发展比较研究[J]. 开发研究,2019(3):10－20.

[12]黄征学,肖金成,李博雅. 长三角区域市场一体化发展的路径选择[J]. 改革,2018(12):83－91.

[13]孔令池. 中国制造业布局特征及空间重塑[J]. 经济学家,2019(4):41－48.

[14]李佳洺,张文忠,余建辉. 我国重大生产力布局的历史沿革与“十四五”时期优化策略[J]. 中国科学院院刊,2020,35(7):825－834.

[15]李兰冰,刘秉镰.“十四五”时期中国区域经济发展的重大问题展望[J]. 管理世界,2020,36(5):8,36－51.

[16]廖红伟,徐杰. 供给侧改革视角下东北地区产业结构转型研究[J]. 理论探讨,2019(4):103－108.

[17]刘秉镰,王钺. 京津冀、长三角与珠三角发展的比较及思考[J]. 理论与现代化,2020(3):5－11.

[18]刘东勋. 中原城市群九城市的产业结构特征和比较优势分析[J]. 经济地理,2005(3):343－347.

[19]刘明,王霞. 中国制造业空间转移趋势及其影响因素:2007～2017[J]. 数量经济技术经济研究,2020,37(3):26－46.

[20]刘志彪. 建设长三角全球产业链集群[N]. 社会科学报,2020－07－02(001).

[21]罗胤晨,谷人旭. 1980—2011年中国制造业空间集聚格局及其演变趋势[J]. 经济地理,2014(7):87－89.

[22]马燕坤,张雪领. 中国城市群产业分工的影响因素及发展对策[J]. 区域经济评论,2019(6):106－116.

[23]梅丽霞,倪洪平. 产业集群空间迁移的影响因素研究——以珠三角地区家具产业为例[J]. 科技和产业,2014,14(8):1-6,66.

[24]欧阳志刚,陈普. 要素禀赋、地方工业行业发展与行业选择[J]. 经济研究,2020,55(1):82-98.

[25]赛迪. 图解我国长三角区域产业布局[R]. 2019.

[26]史诺. 基于产业集群视角下哈长城市群协同发展路径研究[J]. 现代经济信息,2019(9):477.

[27]史雅娟,朱永彬,黄金川. 中原城市群产业分工格局演变与功能定位研究[J]. 经济地理,2017,37(11):84-91.

[28]王成金,李绪茂,谢永顺,陈沛然,徐勇. 新时代下东北地区高质量发展的战略路径研究[J]. 中国科学院院刊,2020,35(7):884-894.

[29]王海博. 中原城市群空间结构特征及产业协同研究[D]. 天津:天津师范大学,2018.

[30]王开泳,陈田."十四五"时期行政区划设置与空间治理的探讨[J]. 中国科学院院刊,2020,35(7):867-874.

[31]王亚飞,郭锐,樊杰. 国土空间结构演变解析与主体功能区格局优化思路[J]. 中国科学院院刊,2020,35(7):855-866.

[32]王玉明,王沛雯. 珠三角城市群一体化发展:经验总结、问题分析及对策建议[J]. 城市,2015(1):42-47.

[33]魏后凯,王颂吉. 中国"过度去工业化"现象剖析与理论反思[J]. 中国工业经济,2019(1):5-22.

[34]肖金成,黄征学. 中部地区城市群的形成与展望[J]. 区域经济评论,2014(1):29-39.

[35]肖金成. 珠三角城市群产业结构调整策略研究[J]. 开放导报,2010(6):77-79.

[36]谢文芳,周韬. 中原城市群经济增长、产业空间布局及其交互效应研究[J]. 特区经济,2019(11):104-108.

[37]杨宇,戚伟,马丽,刘毅．“十四五”期间建设世界级城市群的人口功能优化布局[J]．中国科学院院刊,2020,35(7):835－843.

[38]尹舸．产业集群视域下哈长城市群协同发展路径[J]．北华大学学报(社会科学版),2019,20(6):112－116.

[39]张炳辉,杨东亮．新一轮东北振兴视角下的哈长城市群产业协同发展研究[J]．学习与探索,2016(7):118－122.

[40]张翠．“米”字型高铁网络对中原城市群的影响[J]．现代经济信息,2016(8):461.

[41]张晓涛,易云锋,王淳．价值链视角下的京津冀城市群职能分工演变:2003—2016——兼论中国三大城市群职能分工水平差异[J]．宏观经济研究,2019(2):116－132,160.

[42]张学良,李丽霞．长三角区域产业一体化发展的困境摆脱[J]．改革,2018(12):72－82.

[43]中国社会科学院工业经济研究所课题组,史丹．“十四五”时期中国工业发展战略研究[J]．中国工业经济,2020(2):5－27.

[44]朱俐莉．中原城市群承接产业转移效率研究[D]．南京:南京航空航天大学,2014.

第四章

优化区域经济空间布局视角下的生态资源问题研究

生态文明建设是中华民族永续发展的根本大计。党的十八大以来，我国加强生态文明的法治建设和制度体系建设，绿水青山就是金山银山，生态优先、绿色发展的理念深入人心。生态文明建设已进入提供更多优质生态产品以满足人民日益增长的优美生态环境需要的攻坚期。我国主体功能区规划已经划定了保障国家生态安全的重要屏障，这些地区不具备大规模高强度工业化城镇化开发的条件，须把增强生态产品生产能力作为首要任务，同时国家给予支持，改善当地公共服务和人民生活条件。除了国家重点生态功能区、自然保护区和国家公园等国家层级和跨省区的生态功能区外，各地方均有主要承担生态产品供应的各类生态功能区，在明确其功能定位的前提下，应有针对性地开展配套措施支撑工作，保障这些地区的可持续发展能力。“十四五”时期，推进生态文明建设，落实好“生态功能区把发展重点放到保护生态环境、提供生态产品上”的要求，需要充分把握好当前这个“有条件有能力解决生态环境突出问题的窗口期”。

一、落实主体功能区战略是优化区域空间布局的重要内容

《全国主体功能区规划》是在统筹考虑未来我国人口分布、产业布局、国土资源条件和城镇化进程的基础上，将国土空间划分为优化开发、重点开发、限制开发和禁止开发四类主体功能区。这样的划分只意味着各区域的功能定位不同、发展的首要任务不同，但在国家经济社会体系中的地位同样重要。主体功能区划是推动我国区域协调发展的重要

支撑，发挥着重要作用，同时，生态补偿机制则保证了各主体功能区可以实现基本公共服务的均等化目标，保障区域发展权和利益的平衡。

（一）加强区域间分工与合作

主体功能区划的确定和实施明确了区域间各自的比较优势，特别是明确了区域间在经济发展和生态保护方面的不同分工。不同的主体功能区从事经济开发活动的范围和程度是受到约束的，需要根据功能定位进行产业布局和产业调整，特别是在限制开发区和禁止开发区，其产业准入标准极为严格，这些区域往往资源环境承载能力较弱，需将生态保护和修复作为主要任务。而这些生态涵养区往往对于一定区域范围内整体生态系统的安全稳定至关重要，从一旦生态破坏将累及整个区域的角度看，区域内不同主体功能区发展息息相关，需通过生态补偿等方式，给予生态保护区域支持，加强区域间合作，最终实现整体区域的均衡、可持续发展。

（二）推动解决区域利益失衡矛盾

近年来，国家重视加强国土空间治理能力，将主体功能区划作为统筹区域发展的重要战略。不同主体功能区的分工不同，重点开发区和优化开发区通过不断聚焦资源，提高发展质量和效益，发挥着经济增长极作用，代表国家竞争力，但难免形成对其他功能区发展空间的“挤占”和“剥夺”，致使区域间利益失衡。生态补偿机制作为解决外部性问题的重要手段，通过生态补偿，来平衡区域经济发展与生态环境保护之间的关系，解决区域协调发展矛盾。党的十九大报告中提到的“形成节约资源和保护环境的空间格局、产业结构、生产方式、生活方式，还自然以宁静、和谐、美丽”，提出了对我国区域空间格局的总体要求，而生态补偿在国内外实践中都被证明是区域间利益调整和合理分配的重要政策工具，有助于推动解决区域间因分工不同带来的利益失衡问题。

（三）保护落后区域发展权利

我国重要的生态功能区集中在西部地区，特别是集中在西部经济较为落后的地区，意味着这些地区为限制和禁止开发区，与欠发达甚至贫困地区高度重叠。这些地区生态脆弱、环境承载能力差，不适宜经济开发活动，这恰恰是其欠发达或贫困的重要影响因素，而其还承担着生态环境保护的重要任务。当前虽然生态补偿机制对其承担的生态功能给予了弥补，但由于生态价值核算和分摊的困难，导致这些区域发展权的损失并没有办法得到科学的计算，大都存在补偿不足问题。近年来，国家在区域协调发展目标上提出的基本公共服务均等化，目的正是保护落后区域发展权，逐步缩小区域间收入差距和公共服务水平的差异，保证不同主体功能区的人民获得大体均等的就业、住房和教育机会，享有大体均等化的公共服务和生活环境，享有大体相当的生活水平。生态补偿是推动这一目标实现的重要政策手段，通过对生态价值较为科学清晰的界定，保障落后区域的发展权。

（四）多元视角衡量区域发展成效

长期以来，我国以 GDP 为核心导向衡量区域发展水平，对于社会发展和生态环境保护等问题虽然也较为关注，但并没有真正将其纳入区域和地区发展的评价体系，导致各地过分追求经济发展速度，忽视了发展质量和发展目的。主体功能区规划为衡量区域发展提供了多元化评价指标，承担不同功能的区域，自然对应不同的评价标准，这对于形成多视角的区域发展评价体系、推动我国经济高质量发展有着重要意义。

二、我国已构建起初步的区域生态保护协作机制

“十四五”规划建议提出要构建国土空间开发保护新格局。区域经济空间布局的优化需要更加注重“量的合理增长和质的稳步提升”。在坚持四大板块区域总体战略的同时，京津冀协同发展、长三角一体化和

粤港澳大湾区建设等重大区域发展战略则会更加注重培育形成发展动力，长江和黄河两大流域经济带更加强调生态保护，为全国可持续发展提供保障。处理“发展好”和“保护好”的关系仍是落实区域发展战略的一条重要主线，完善区域间生态保护协作机制是优化区域经济空间布局的重要内容。

（一）以生态补偿为核心

生态补偿已经成为政府通过环境财政向社会提供公共服务的重要领域，政府间纵向转移支付和横向转移支付是当前生态补偿最重要的方式。2007 年原国家环保总局发布《关于开展生态补偿试点工作的指导意见》，标志着我国生态补偿工作进入新阶段。2009 年，财政部印发《国家重点生态功能区转移支付（试点）办法》，中央财政在一般转移支付项下设立对国家重点生态功能区的转移支付。2016 年，国务院办公厅印发《关于健全生态保护补偿机制的意见》，意味着对重点领域和重要区域的多元化补偿机制框架形成。

（1）纵向生态补偿。《国家重点生态功能区转移支付（试点）办法》是当前我国纵向生态补偿的重要依据。由于重点生态功能区为实现其主体功能承担了巨大的生态保护直接成本和发展机会成本，按照主体功能区要求和基本公共服务均等化原则，加大对重点生态功能区的均衡性转移支付力度，是形成科学开发的利益机制、保障主体功能区布局形成的重要举措。国家重点生态功能区转移支付是设立在中央财政一般性转移支付项下，对属于国家重点生态功能区的区县给予均衡性转移支付，是我国规模最大的区域生态补偿政策。

（2）横向生态补偿。近年来，除了中央政府对地方政府、地方上级政府对下级政府的纵向转移支付外，各同级政府之间因处于流域上下游或共同维护区域生态环境的要求等，开始实践形式多样的横向财政转移支付，属于横向生态补偿。横向生态补偿作为我国生态补偿制度中的有机组成部分，对于调整因生态系统相互关联而产生的利益关系、促进生态保护的经济外部性内部化、平衡区域利益发挥了重要作用。横向生态补偿的大量实践体现了我国生态补偿政策在平衡区际利益方面的精准性和针对性的不断增强。在跨省流域上下游生态补偿实践中，新安江流域是最初的“试验田”，所形成的成功经验在许多流域被不断复制应用。2010 年新安江流域成为全国首个流域跨省水环境补偿试点。在安徽、浙江两省跨界断面设置水质监测点，在科学合理认定监测数据的基础上，设立新安江流域水环境补偿资金，以街口断面水污染综合指数作为上下游补偿依据，采用财政专项转移支付形式，补偿资金额度为每年 5 亿元，其中中央财政出资 3 亿元，安徽、浙江两省分别出资 1 亿元。断面水质达到双方约定后，将中央财政资金和浙江省资金合计 4 亿元支付给上游的安徽省，作为治理补偿。反之，则将 4 亿元资金支付给浙江省，作为污染补偿。无论哪个省获得补偿资金，都需专项用于新安江流域产业结构调整和产业布局优化、流域综合治理、水环境保护和水污染治理、生态保护等方面。经过几年试点实践，不仅流域的水环境得到较大改善，流域范围内的产业布局和产业结构也得到极大优化，实现了经济效益和环境效益的双丰收，同时也对流域内居民的环保意识产生了积极影响，为未来区域内生态文明建设奠定了良好的基础。

（二）以市场机制为补充

我国的生态补偿一直以政府主导为主，更多使用行政手段，由政府确定补偿对象和范围，给予转移支付，属于财政资金的自我循环。虽然在很多地区取得很好的成效，但也难以避免出现低效率问题。党的十九大报告中提出要推进市场化生态补偿机制的建设。利用市场机制作用可极大提高生态补偿效率，也可吸引更多资金进入，促进生态资源价值实现，真正把“绿水青山”变为“金山银山”。各地区在实践过程中也意识到充分发挥市场机制的作用，在交易市场中发现生态资产价格有助于更充分地实现生态资源价值，而这方面有更大的市场空间。排污权交易、碳排放权交易等试点试验都属于市场化补偿的范畴，除此之外，也有地区尝试以自然资源资产评估价值为贷款额度依据，对产权主体进行银行授信，使自然资源资产货币化并进入市场流转。自然资源资产交易市场也是未来的实践方向。

（三）以生态价值实现为目标

生态价值实现是主体功能区划的最终目标。现实中，由于存在生态资源的产权界定较为困难、生态服务的价值量化方面仍缺乏广泛共识等问题，自然资源的交易市场是难以自发形成的，或者说“绿水青山”也不会在市场中自动实现向“金山银山”的转变。即便如此，生态价值核算仍是政府主导生态补偿和市场引导生态交易的重要基础，无论是提高财政资金使用效率还是发挥市场机制作用，都必须基于可资产化的自然资源。

生态价值实现是各国生态资源保护的目标。美国纽约90%的用水都来自西北部的特拉华流域，从20世纪80年代开始，纽约每年向集水区上交4000多万美元，用于转变农业发展方式和修建污水处理厂等，这就保障了纽约的清洁用水。如果纽约支付这笔资金，集水区就要用60亿美元来建净水厂。这就是地区间生态价值的交换方式。前文提到的我国新安江流域的生态补偿，上下游之间进行的也是生态价值的交换。

在生态价值核算方面，湖北省鄂州市有积极的探索。鄂州市有着全国十大名湖之一的梁子湖，为了保护梁子湖，2013年起，湖区全域500平方公里全面退出一般性工业，每年减少近4000万元的税收，而当地全口径财政收入只有2亿余元。退出一般性工业后，鄂州开始在发挥生态资源价值上做文章，其从2016年起率先在全域开展自然资源资产负债表编制工作，盘点绿水青山家底并打上价格标签，将生态价值作为生态补偿的科学依据。以2017年市域内生态补偿为例，对各区向其他区溢出的生态服务价值进行综合测算后，梁子湖区应分别从鄂城区和华容区得到21466万元和3693万元补偿。鄂州市先按实际提供生态服务价值 20% 的权重实施生态补偿，即 5031 万元。同时，市财政承担 70%，区级财政负担 30%。最终，鄂城区支出 1288 万元，华容区支出 221 万元。按照鄂州市的规划，生态服务价值的权重比例将逐年增大，同时市财政的补贴比例也将逐年降低，直至完全退出。生态补偿的金额或许未必能补偿梁子湖区的发展损失，但却体现了市政府的决心，生态优势地区只要保护好生态环境，推动生态服务价值溢出，就可以用环境效益置换经济效益。这是“绿水青山”转化为“金山银山”的有效实践。

生态资产的价值可以部分通过政府生态补偿得以实现。生态补偿是政府对生态服务功能的购买，政府的支付就是部分实现了生态价值。当然，生态资产的价值也可以通过市场实现，比如生态旅游、碳交易、水权交易等就是对生态价值的付费，反映的也是部分的生态价值。

经过多年实践，区域生态保护协作机制的框架虽已基本建立，但仍存在一些问题，比如，政府主导的生态补偿仍是目前最主要的补偿方式，在市场化补偿、生态价值核算等方面还缺乏大量的成功案例；政府补偿也存在精准性不够，一般性转移支付少、专项转移支付多，纵向转移支付多、横向转移支付少等问题；经济评价状况虽然有所改善，但仍然起着隐性的作用，会对地方政府行为选择产生影响；部分地区存在产业与资源环境容量无法匹配的问题，特别是西部地区，发展阶段决定了高耗能行业仍是增长主体，但按照国家要求的规划期内能耗、能效、碳排放等约束性指标则发展空间已经有限，面临发展与保护的难题等。

三、构建区域生态保护协作机制的相关建议

（一）促进经济社会发展全面绿色转型

推动高质量发展是“十四五”时期经济社会发展的主题，各地都面临不同程度的产业转型升级压力。“两山”理论发源地安吉是成功实现产业转型的重要案例。采矿业、竹制品加工业曾是安吉的支柱产业，

但这些产业造成了严重的环境污染和生态破坏，安吉下大力气关停企业，复垦土地，实施“生态立县”战略，把“脏乱差”变成了“净绿美”。与此同时，生态优势显现出来，生态环境越好，对生产要素的吸引力、集聚力就越强，仅2018年就新增国家高新技术企业37家，省级高新技术企业研发中心13家。农民收入也显著提升，2005—2019年安吉县农民人均纯收入增长了5倍多，城乡居民收入比持续缩小。习近平总书记在全国生态环境保护大会上曾指出，“我国经济已由高速增长阶段转向高质量发展阶段，需要跨越一些常规性和非常规性关口。我们必须咬紧牙关，爬过这个坡，迈过这道坎”。促进经济社会绿色发展和产业绿色转型一定会经历阵痛期，只有真正坚持“绿水青山就是金山银山”的理念，坚持尊重自然、顺应自然、保护自然，才能度过这个阵痛期，迎来高质量发展阶段。

（二）完善生态补偿机制

一是探索更加科学合理的多元化体系，形成中央政府与地方政府、各级地方政府之间权责利清晰的补偿体系。当前针对主体功能区划的财政转移支付，以纵向转移支付为主，横向转移支付为辅。而纵向转移支付又以一般性转移支付为主要方向，配合以专项转移支付，横向转移支付则多为同级政府之间出于共同维护区域生态环境的需要而开展的利益补偿活动。从生态产品和生态服务的公共物品属性看，这种多元的财政转移支付是必要的，不同类型的公共物品供应应由不同层级的政府主体来提供，这是财政转移支付的重要依据。未来生态补偿除了要继续发挥好中央政府的责任，也应推动发挥地方的创新精神和积极性，探索更加科学合理的多元化体系，形成中央政府与地方政府、各级地方政府之间权责利清晰的生态补偿体系。同时，财政资金应发挥引导生态产品或服务市场的作用，形成市场化补偿体系，作为政府补偿的有益补充，使生态补偿逐步摆脱目前依靠政府资金内循环的状况。

二是构建“精准补偿”机制。在我国，生态补偿被作为调整区域利益失衡、保障生态脆弱地区发展权的重要手段，对这些地区的考核也是以生态环境指标为最核心的评价指标，目的是使地方政府专注于生态环境保护工作，保障国家生态安全和生态资产保值增值。但随着我国生态补偿机制的不断完善，以及财政转移支付金额的不断增加，需要考虑和评估财政资金的使用效率，而且提高财政资金使用效率对于生态补偿机制的完善和补偿效果的优化会有很好的促进作用。应构建“精准补偿”机制，增强补偿对象确定、补偿方式选择和补偿标准的科学性，提高财政资金使用效率，保障欠发达地区自我造血能力持续提升。

三是创建政府引导的市场机制。财政资金是目前生态补偿中主要的资金来源，由于生态价值难以完全科学定量核定成经济价值，特别是生态环境保护具有长期效应，甚至代际效应，这些都是难以准确量化的，即使利用现有各种通行核算方法得到定量数据，也难以得到各利益相关方的共同认可，再加上政府财政能力有限，导致目前政府补偿资金越来越难以满足补偿地区生态环境保护和地区均衡发展的需要。从长期来看，我国主体功能区规划要得到更好的落实，离不开市场机制的作用，只有社会资金和市场主体主动参与和投入生态环境建设，才能摆脱目前政府资金内循环的状况，形成自然资源资产交易市场，在市场中使得自然资源价值得到一定程度的实现。建立政府引导的市场机制至关重要。比如，碳交易市场、水权交易市场，就是基于政府对于碳排放和水资源使用的政策约束形成的，是典型的政府引导的市场机制。未来政府应通过加强对相关利益主体的有效激励机制，更多吸引社会资本参与生态文明建设，逐步构建更多主体参与的生态补偿市场。

（三）优化自然资源价值核算机制

自然资源价值的核算是生态补偿制度有效性的重要保障，无论是政府主导的生态补偿机制还是市场化的补偿机制，前提都是自然资源的可资产化。在自然资源价值核算问题上，我们过去是要么不算账，完全忽视生态系统的价值，要么就是核算出了天文数字，完全无法用于支持进一步的实践。生态资产的价值核算在全世界都面临难以形成广泛共识的困难，但好的方面是价值核算的理论和方法体系较为完备。在国家编制自然资源资产负债表、领导干部离任审计等要求下，各地实践也为这项工作提供了可借鉴的成功经验，使生态补偿机制有“数”可依。未来应支持更多地区根据自身生态系统的特色，寻求符合各自实际的自然资源价值核算方式，与生态补偿机制有效结合，推动生态系统价值实现，探索从“绿水青山”到“金山银山”的多元化实现路径。

（四）探索建立流域综合治理机制

流域作为带状经济区，一般由相对发达的区域与相对不发达的区域结合构成，这些地区共享流域资源，发展关联性强，是发展权与保护责任矛盾最为突出的区域。经济带的形成在一定程度上可以优化相对落后区域的生产力布局，推动较大范围区域协同发展。同时，流域上、中、下游共享流域水资源，但生态承载能力却差别极大，上游地区为水源地，承担着重要的生态功能，中游地区往往是粮食主产区，承担着粮食安全的重要功能，下游地区生态承载能力较强，往往经济发达，应支持探索建立上下游责任共担、利益共享的协调发展机制。

同时，流域是典型的山水林田湖草有机生命体，无论是保护还是治理，抑或是流域产业布局和城市规模等，都需坚持生态系统的整体性原则，统筹规划和实施。探索将山水林田湖作为有机整体综合治理和施策，恢复流域生态功能，维护流域生态平衡，对于我国流域治理和生态环境修复等都具有重要意义。在流域综合治理过程中，流域管理体制是治理取得实效的重要制度保障。“九龙治水”、分头管理是水资源管理的老大难问题。水资源管理涉及部门众多，“九龙治水”由来已久。党的十八大以来，机构改革对水资源管理部门职能进行了进一步明晰，但水资源和流域经济的特点决定了其多部门管理的特性和必要性，需要把水资源作为流域经济社会发展的刚性约束，以此为共识和基础，加强各职能部门协商合作，实现水资源管理目标。同时，充分发挥市场机制作用，通过完善水价形成机制和加强水权管理等，提高流域水资源利用效率，提升水资源承载能力。

（五）完善生态绩效评估机制

中央提出的自然资源资产负债表、领导干部离任审计等政策，推动了主体功能区生态绩效评估机制的建立。但不同地区的经济发展能力、自然资源条件差异较大，需要制定差异化生态绩效评估机制，既能推动主体功能区规划发挥更加重要的指导作用，又能推动生态价值核算等相关科学工作的快速发展。比如，国家重点生态功能区应以生态环境指标作为最核心的评价指标，其他考核指标都可以放宽标准，以突出区域功能定位，给地方政府以明确信号。下一步应加快建立差异化生态绩效考核机制，将其作为转移支付的重要依据，发挥激励约束作用。

执笔人：陈妍

第五章

优化区域经济空间布局视角下的公共资源问题研究

党的十九届五中全会指出，在“十四五”时期要实现城乡区域发展协调性明显增强的目标。实现这一目标，需要进一步激活中国新一轮的区域一体化进程，消除区域之间的各种壁垒，通过公共资源的区域间合理配置，促进交易成本更低、效率更高的全国大市场局面的形成，在不同区域范围内，建设生态文明取得新进步和提高民生福祉达到新水平。

一、区域公共资源布局的政策实施效果

公共资源的外延是公共服务，包含经济服务、社会服务和生态服务等内容。在高质量发展背景下，我国区域经济视角下的公共资源内容，可以从跨区域的公共资源的经济服务、社会服务和生态服务三个层次进行分析。根据我国建设中国特色社会主义的“五位一体”的总体布局，贯彻创新、协调、绿色、开放、共享的新发展理念，及我国高质量经济发展的要求，区域经济的公共资源内容需要从经济、社会与生态三个维度展开分析。

（一）区域公共资源布局现状

区域公共资源的布局现状是公共资源政策实施的体现，主要表现在生态与农业空间、城镇空间结构和公共资源不均衡分布等方面。另外，新型基础设施建设作为新时代背景下我国稳投资、调结构、扩内需的关键新引擎，在区域布局中的重要性越发凸显。相关内容见“专栏：新型基础设施布局对区域创新能力建设的作用”。

1. 生态空间和农业空间格局日趋明晰

在各类功能用地中，承担农业和生态调节功能的用地比重最大，城

镇用地和农村生活用地的比重最小，二者分别占国土面积的 62.89% 和 2.16%。2019 年与 2008 年相比，禁止开发区中，2019 年国家级自然保护区 474 处，比 2008 年增加了 231 处；世界自然文化遗产 55 处，比 2008 年增加了 24 处；国家重点风景名胜区 244 处，比 2008 年增加了 57 处；国家森林公园 897 处，比 2008 年增加了 332 处；国家地质公园 219 处，比 2008 年增加了 81 处。限制开发区中，2019 年全国重点生态功能区县 816 个，比 2008 年增加了 380 个①。

2. 城镇空间结构加快重组

沿海轴带、长江轴带和京广—京哈轴带成为国土开发的主轴，三大轴线集聚的人口占全国人口的比重超过 40%，经济总量占全国的比重超过 70%。三大优化开发区依然是人口最集中的区域，且依然保持增长态势；18 个重点开发区也在加快推进城市群和都市圈的发展，集聚人口的能力也在加快提升。与此同时，沿海轴带、包昆轴带、长江经济带、陇海—兰新轴带与“一带一路”倡议的对接，将国内轴带与国际经济走廊紧密联系在一起，统筹了国内发展和对外开放②。

3. 公共资源在地理空间上分布不均衡

东部沿海地区与西部地区之间的差异和差距，不仅体现在经济发展的不平衡，更体现在公共资源在经济、社会与生态服务内容上的差距。产生公共资源供给与服务差距的原因，除地理优势、资源禀赋之外，还有财政、税收等领域的一系列优惠政策。例如，减免企业所得税、下放投资立项权、提高当地外汇留成比例、开放金融服务（允许境外金融机构在沿海地区设立总部或分支机构）、培育和发展资本市场（在深圳和上海建立证券交易所）；鼓励沿海地区进行体制创新，默许沿海地区突破中央有关政策的限制。

---

①② 黄征学，潘彪．主体功能区规划实施进展、问题及建议[J]．中国国土资源经济，2020，33（4）：4－9.

专栏：新型基础设施布局对区域创新能力建设的作用

在疫情影响下，我国主要经济指标明显下滑，但产业升级并未停止，特别是以新产业、新产品和新商业模式为代表的新动能逆势增长。在此背景下，作为我国稳投资、调结构、扩内需的关键新引擎，新基建在区域布局中的重要性越发凸显，也得到了各地的重视。不少省份在2020年第一季度后陆续发布相关政策，结合自身实际，加速布局。

新型基础设施建设仍具有东部地区引领、中西协调的区域格局态势。赛迪的调研数据表明，截至2020年4月底，纳入省级重点投资计划的新型基础设施项目，东部地区有406项，中部地区有373项，西部地区有216项，而东北地区仅有2项。从赛迪收集的全国已经公开的26个省份的年度重点基础设施项目投资计划来看，安徽、广东、浙江的新型基础设施项目数绝对量较大，分别达到了280项、165项和109项，而河北、山东、广东的新型基础设施项目数量占比较高，分别达到了43.5%、35.0%、34.1%。

信息基础设施方面，5G更是各项新兴技术运行的基础，各地也在加紧布局。5G方面，据不完全统计，截至2020年4月底，有19个省份的政府工作报告将“推进5G通信网络建设”列入2020年重点工作，其中有6个省份明确规划了2020年新建5G基站的数量，合计超过17.8万个，广东、浙江、江苏计划新增基站数均超过5万个。数据中心方面，国内在运营的数据中心主要集中在京津冀、长三角、粤港澳大湾区等地区，占据整体市场50%以上的份额。

不同领域的新基建，各地区有不同侧重。信息基础设施方面，尤其是数字基础设施，广深一带5G硬件相对较多，北京的人工智能、云计算技术突出，上海工业领域有优势，尤其是在和二产、三产融合方面。另外，新基建中融合基础设施部分涉及的智慧交通内容等，长三角区域处于领先状态。此外，一些城市依托自身的新型基础设施优势会加速发展，推动区域创新能力的建设，如贵阳的大数据、上海松江的工业互联网。部分中心城市在推进新型基础设施建设时以“适度超前”作为导向，以高水平建设推动城市新型基础设施的服务能力与供给水平超前于城市短期发展需要，对区域创新能力起到引领作用。

（二）政策实施效果

我国改革开放40多年的区域规划中的公共资源政策，根据不同区域的社会发展形势，审时度势地对各个阶段的改革任务进行了空间上的布局安排，在制度体系、传导机制、跨区域协调和经济、社会与生态均衡发展等方面取得了一定的效果。

1. 系统化政策体系建设正积极推进

《全国主体功能区规划》提出了财政、投资、产业、土地、农业、人口、民族、环境、应对气候变化等九方面的政策及差异化绩效考核。目前，“9+1”政策体系的“四梁八柱”已基本完成，各项政策的细化和深化也在积极推进（见表5.1）。其中，落实最好的是重点生态功能区转移支付制度。2008年首次建立生态补偿资金，2018年补偿资金规模达到721亿元，累计投入4431亿元。与此同时，广东、内蒙古等十几个省份也出台了省级以下重点生态功能区补偿措施。此外，国家也在积极推进流域生态补偿、草原生态补偿、天然林保护和森林生态补偿、湿地生态补偿等专项补偿。在地方层面，东部沿海省份出台配套政策比较多，中西部地区国家级重点生态功能区县比较集中，探索差异化绩效考核比较多。

表5.1　国家层面主体功能区配套政策

政策类别	政策内容
财政	《国家重点生态功能区转移支付（试点）办法》 《国家重点生态功能区转移支付办法》

续表

政策类别	政策内容
投资	《国家发展改革委关于落实和完善主体功能区投资政策的实施意见的通知》
产业	《重点生态功能区产业准入负面清单编制实施办法》 《关于建立国家重点生态功能区产业准入负面清单制度的通知》
土地	《关于建立城镇建设用地增加规模同吸纳农业转移人口落户数量挂钩机制的实施意见》 《自然生态空间用途管制办法（试行）》
农业	《特色农产品区域布局规划（2013—2020 年）》
人口	《关于印发国家人口发展规划（2016—2030 年）的通知》
民族	无
环境	《关于贯彻实施国家主体功能区环境政策的若干意见》
应对气候变化	无
绩效考核	《关于改进地方党政领导班子和领导干部政绩考核工作的通知》

2. 主体功能区战略的传导机制正加快构建

在《全国主体功能区规划》统领下，部分省份创新了规划实施的传导机制，如湖北省指导武汉市编制了《武汉市主体功能区实施计划》，广东省清远市编制了《清新县主体功能区规划实施方案》等。此外，浙江省认为主体功能单元分类不能有效涵盖县区的各种发展类型，在此基础上新增主体功能类型“生态经济地区”。因此，省级以下尽管没有编制规划，但多数都编制了实施规划或实施方案，贯彻落实国家和省级主体功能区规划。党的十八届三中全会之后，许多市县都以主体功能区规划为基础，开展“多规合一”试点，落实主体功能区规划的战略意图。

3. 公共资源服务内容经历了从行政区规划到跨区域规划的过程

改革开放初期，区域规划多属行政区划内部，其实施范围也主要在省级范围之内，这种区域规划在政策实施上相对容易，但同时也导致地方保护主义和恶性竞争的出现。为了突破市场封锁，促进区域一体化，自 2009 年以来，国家相继出台了长三角、珠三角发展改革规划、黄河三角洲生态经济区规划以及各种主体功能区规划方案。这些新的规划很多具有跨行政区的特点，其中的公共资源供给与服务内容之间存在交叉、重叠，甚至冲突。此外，“一带一路”倡议、长江经济带发展规划等不仅跨行政区，而且横跨多个经济区域和多种区域类型，公共资源的供给与服务在这些跨区域规划的协调中越发重要。

4. 公共资源供给从单一性基础设施建设内容变为追求经济、社会与生态的均衡发展

从20世纪70年代末到2017年党的十九大召开，从启动试点改革到确立并不断完善市场经济体制，中国的分权式改革主要是经济分权，是中央向地方不断地放权让利，激发地方和市场的活力，其目的就是实现经济增长、激励地方政府提供区域公共资源。我们可以将前30余年的改革称为增长主义导向的改革，而区域规划正是政府用来促进经济增长的工具，其核心内容是以基础设施建设为主的投资引领，是政府对市场进行宏观调控与引导的手段。当前，区域规划虽然仍承担着创造新的经济增长极的使命，但已经从单一性基础设施建设内容变为追求经济社会均衡发展，公共资源的供给与服务涵盖了经济服务、社会服务和生态服务三方面的内容。

二、我国区域公共资源的短板与不足

中国特色社会主义进入新时代，我国社会主要矛盾已经转化为人民日益增长的美好生活需要和不平衡不充分的发展之间的矛盾。人民群众对美好生活的向往、需求对公共资源供给与服务提出了更高要求。公共资源供给相对不足、服务相对滞后且不完善是当前发展不充分的主要表现。

（一）区域公共资源的经济服务短板与不足

区域公共资源的经济服务，无论是基础设施服务水平、基础研发供

给，还是突发事件应急反应供给与服务，在不同区域都存在一定的短板与不足。

1. 我国基础设施在公共服务方面存在的不足

我国基础设施建设取得了巨大的成绩，但在区域经济视角下，基础设施建设在政策体系、管理机制、建设布局、收益平衡、创新引领和协调发展等方面还存在不少问题和挑战，还不能完全满足人民日益增长的美好生活需要，也不能完全满足建设社会主义现代化国家的需要，我国基础设施建设还存在较大提升空间。

（1）基础设施区域不平衡性特征较为明显。中西部和东北地区较东部地区的基础设施建设还有一定差距。基础设施建设的城乡差距依然存在，无论是在传统的能源、交通、水利、通信还是在生态环境治理等方面均存在较大差距。不同地区与城乡之间的基础设施差距及由此产生的协调性发展不足的问题，主要体现在满足人民生活需要、使人民生活更加美好的民生基础设施建设方面，如污水排放设施、人均能源消耗与供热、人均城市绿地等。

（2）基础设施对区域经济优化布局的引导不足。第一，基础设施在区域经济内部的相互衔接不畅。各种交通方式的互联互通存在明显不足，“最先一公里”和“最后一公里”运输存在明显短板，一些港口、园区、枢纽、站场和铁路、公路缺乏有效衔接，货物难以快速集散。城市客运枢纽集疏运体系存在衔接不畅问题，部分城市在机场、火车站与地铁、公交换乘的设计上不合理，为使用者带来了不便。城市基础设施内部不同领域之间，存在协调发展不足所导致的体系运转不畅的问题。第二，相关基础设施之间的互联互通和便利化不足。交通与能源、交通与水利基础设施之间的协调性存在明显问题。我国各领域基础设施形成了相对完备的网络体系，但受制于部门分散管理、地方利益不一致等，各种基础设施之间及内部的协调运转存在明显不足，产生了效率低、费用高、结构不合理的问题，综合物流成本偏高，清洁能源推广难、充电桩建设缓慢等问题长期得不到解决。

（3）基础设施建设“补短板”任务艰巨。第一，能源输配基础设施、储备调峰能力等方面存在明显短板。天然气调峰能力严重不足，储气能力建设明显滞后，目前工作气量仅为消费量的3%，远未达到主要发达国家12%～15%的平均水平，与美国、俄罗斯等国18%左右的水平差距更为明显。LNG接收站调节能力建设不足，储罐罐容仅占LNG周转量的9.7%，而韩国为15%，日本超过20%。第二，存在城市群与都市圈交通“城市病”。城市群普遍面临城市轨道交通和市郊铁路建设不足、立体化停车设施建设推进困难，加剧了城市交通拥堵，产生了行政化“汽车摇号”新问题；新能源汽车面临充电桩少、充电不便等问题。第三，水利基础设施系统性问题较为突出。水利基础设施的系统性问题表现在水生态损害、水环境污染和节水效率等方面，需要进一步“补短板”，进一步提高供排水设施的标准，解决设施老化等问题，降低供水管网漏损率。

（4）基础设施的对外连接有所欠缺。能源基础设施领域，欠发达地区的天然气供应季节性短缺和进口安全的风险日益凸显，用气高峰期管道一旦受限将对我国造成较大影响。交通基础设施领域，外向陆路通道建设总体处于起步阶段，边境地区的中巴铁路、中吉乌铁路等推进难度较大，影响“一带一路”基础设施的互联互通。边境地区基础设施的国际标准对接有待加强，与相邻国的基础设施合作项目市场化难度大。

2. 我国在基础研发供给方面存在的不足

（1）基础研发投入不足。我国基础研究的短板问题一直比较突出，影响了我国的创新发展。创新发展注重的是解决发展动力问题，我国创新能力不强，科技发展水平总体不高，科技对经济社会发展的支撑能力不足，科技对经济增长的贡献率远低于发达国家水平，被称为当前我国经济发展的“阿喀琉斯之踵”。在基础研发上，一些需要长期投入的基础研究领域缺乏足够投入，基础研究投入占比长期徘徊在5%，世界主要创新型国家多为15%～20%，差距较大。

（2）基础研发投入结构不合理。我国基础研发的投入结构不合理，主要体现在以下三个方面：第一，企业基础研发投入少，主要是靠政府投入。第二，基础研发投入主要依靠中央财政，地方财政基础研发投入较低、动力不足。第三，不同区域的基础研发投入有所区别，部分城市的基础研发投入与城市经济实力不匹配。相关数据与资料表明，2018年北京基础研究经费占全国的比重高达25.5%；上海的张江地区是全国首个获批的综合性国家科学中心，集中建设了世界级重大科技基础设施集群，强化了原始创新能力；而相应地，深圳由于长期缺乏大院大所，基础研究成为其短板之一。

（3）区域科创中心和服务平台存在机制与政策上的不足。缺少对先进的原创性成果的转化和服务能力，对创新生态“金字塔”塔尖的贡献不足；平台的社会服务资源有限，现有的服务多由高校、国有研发机构等提供，并较多涉及研发技术，非技术类（信息、资金、市场、法律等服务类）的服务能力欠缺，平台快速打通成果转化“最后一公里”的能力受到很大制约。

3. 在突发事件应急反应供给与服务方面的不足

在新冠疫情突然暴发之前，我国部分地区在面对重大突发事件的应急反应能力及相关产品供给上存在较为突出的短板，应在医疗药物、器械应急保障体系等方面加强地方能力建设。除此之外，应对重大突发事件能力还包括应对能源、粮食、外汇储备（输入性金融风险）等突发事件的区域供给能力。

（二）区域公共资源的社会服务短板与不足

教育与文化和医疗卫生与社会保障的公共资源供给依然存在较为突出的区域差异，服务水平在不同区域的差异也较大。

1. 公共资源的社会服务区域配置不均衡

协调发展的一项重要建设内容就是通过公共资源供给的协调配置，实现城乡与区域的协调发展。在社会服务方面，区域配置的不均衡突出表现在教育与文化和医疗卫生的公共资源及相应的更高质量的服务依然集中在北京、上海等一线城市。在中西部地区的非中心城市这些问题比较突出，例如，存在三甲医院的区域协调配置、执业医师配置和儿科等医师比例过低的问题，公共卫生应急反应和预防机构、社会养老机构、失业培训机构建设等也需要进一步加强。

2. 乡村医疗、教育及社会保障等资源的供给总量相对不足

当前公共卫生资源在市场配置中更多地倾向于城市，导致许多农村地区出现缺医少药的局面。近年来国家推出了针对农村的新型合作医疗政策，使得农村看病难的问题得到了一些缓解，但距离从根本上解决农村医疗问题还存在较大差距，依然需要在农村的医疗设备、医生素质以及医生数量等方面继续加大建设力度。农村缺乏优质的教育资源，即使实施了农村义务教育的“两免一补”政策，也依然存在乡村教师缺乏、农村教师收入相对微薄的问题。农民的社会保障体系尚不完善，农民的社会保障服务相对城市居民依然不足。

3. 垃圾处理、面源污染等公共问题导致农村居住环境差

在我国农村，尤其是中西部地区的农村，公共卫生问题依然较为突出。生活垃圾乱堆放、路面泥泞、无公共卫生间、随意饲养家禽，导致环境污染严重，上下水基础设施缺失，村容不整洁，这些都不利于社会主义新农村的建设和新型城镇化进程的加快。

（三）区域公共资源的生态服务短板与不足

党的十八大以来，尤其是在“两山”理论的指导下，我国在绿色发展方面取得了较大成绩，其中，主体功能区战略是生态文明建设和国土空间规划的重要支撑，对于推进形成人口、经济和生态环境相协调的

国土空间开发保护格局以及相应的生态公共资源布局具有重要意义。但在不同区域，环保与经济发展的关系处理、生态系统的退化依然是生态公共资源供给需要解决的问题。在生态保护领域，我国整体上面临资源约束趋紧、环境污染严重、生态系统退化的问题，人民群众对清新空气、干净饮水、安全食品、优美环境的要求越来越强烈。在这些方面，我国的公共资源供给能力和服务内容与发达国家依然有较大差距。

1. 生态保护和绿色发展的部门协同、有效统筹不足

（1）部门之间缺乏有效统筹和联动，政策碎片化问题突出，影响政策体系的整体效果。从中央和地方政府的关系看，一方面，中央对地方的绩效考核存在重经济总量轻生态环境保护、重短期考核轻长远发展、重发展数量轻发展质量等问题；另一方面，由于激励约束机制缺乏系统性，地方基本选择对己有利的政策执行，不利的政策则束之高阁。从政府和市场的关系看，政府财政资金投入多，利用市场化机制少，具体表现为生态公共资源价值实现机制、水权交易等市场化的手段运用不够。

（2）全国统一的资源环境承载力评价的指标体系难以兼顾地方实际情况。采用全国统一的资源环境承载力评价的指标体系，有利于对比掌握全国整体情况，但“一刀切”的方式可能缺乏针对性。有些省份根据实际情况选取的指标因不符合一致性要求而未被纳入整体指标体系；还有些省份选取的指标仅限于当前监测数据，造成结果失真，难以被地方管理部门接受。除此之外，空间类型的划分也有缺陷。《全国主体功能区规划》中确定了 3 类地区，但在实际中，由于生产空间与城镇、农村等生活空间交织在一起，不容易区分开来。

（3）经济评价体系依然有待完善。对主体功能区不同区域的经济评价，虽然以 GDP 和财政收入为主的绩效考核体系有所改善，但由于生态补偿和财政转移支付依然难以满足限制开发区和禁止开发区的发展要求，收入性考核体系仍然起着隐性的作用，依然会对地方政府行为选

择产生影响。突出表现在政绩考核依然以GDP和财税收入增加为主，这给形成满足主体功能区需要的政绩考核体系建立带来了很大困难。

2. 区际利益补偿机制不健全

在我国国土空间的主体功能定位中，不同的主体功能定位意味着不同的发展权，不同的发展权导致区域收益的差异较大，同时我国的资源要素价格的市场化机制还不健全，资源消费地区和资源开发地区的收益无法平衡协调发展。

（1）市场化补偿机制有所欠缺。政府主导的生态补偿是目前最主要的补偿方式，在市场化补偿、生态价值等科学性核算方面缺乏有效探索。我国已实施的大部分流域上下游协议生态补偿都是由上级政府制定“游戏规则”，上下游地方政府被动执行的一种补偿机制。上级政府既是流域生态补偿的“制定者”“管理者”，同时又是“实施者”，在生态补偿实施过程中，政府负责制定生态补偿的范围、对象、标的、方式、时限等，具有命令性、强制性和控制性等特点，补偿标准及补偿方式的针对性、合理性及科学性需要市场化机制。

（2）补偿标准不合理，精准性不够。流域生态补偿机制方面，往往采取自上而下的“一刀切”补偿标准，对于补偿标准的确定往往容易忽视流域上游不同区域生态保护成本的异质性和利益偏好，以及流域下游不同区域生态系统服务价值受益量和补偿能力的差异性，造成现行的补偿标准严重背离现实。这直接影响了相关利益主体参与流域生态补偿项目的积极性和主动性，以及生态补偿政策实施的公平性和可持续性。补偿的精准性不够，突出表现在一般性转移支付少、专项转移支付多，纵向转移支付多、横向转移支付少等方面。

（3）相关利益主体的认定还有模糊地带。在我国相关流域的上、中、下游不同区域中，一般采用认定区位概念进行区分，通常情况下是以某一地标作为参考来区分。一般情况下，上游地区为水源地，承担着重要的生态功能；中游地区是粮食主产区，承担着粮食安全的重要功能；下游地区是经济发达区域，承担着工业发展和产业链配套的功能。但实际情况是上、中、下游的不同区位地区与这种情况不符，往往存在补偿错位的问题。

三、优化区域公共资源布局的思路和重点领域

针对我国公共资源存在的问题，依据区域经济空间布局的新要求，应从区域经济视角下公共资源的基本内容出发，明确优化公共资源布局的思路，在经济资源布局、生态资源布局和社会资源布局等重点领域加强公共资源的供给与服务，并在不同区域有针对性地开展优化区域经济空间布局工作。

（一）主要思路

在高质量发展背景下，我国区域公共资源的主要内容从单一的以基础设施建设为主的经济服务内容，上升为涵盖经济服务、社会服务和生态服务的一体化内容。因此，我国区域经济空间布局也要有新思路和新要求，以进一步优化区域公共资源的布局：一是提升经济、社会和生态系统性、综合性服务能力。立足于解决新时代人民的美好生活需要与不平衡不充分的发展之间的矛盾，推进公共资源的高质量供给。二是加强中央与地方的政策系统性、协调性。既尊重中央政府的权威性，又通过激励机制调动区域地方政府的积极性。坚持既相互自治又相互协商的原则，发挥分权和集权作用，合理协调地方政府的利益关系。立足区域均衡、城乡统筹的基点，协调好财政转移支付，围绕财政体制、财税政策、财政管理进行创新，优化“二次分配”职能与机制。三是科学优化公共资源的供给机制。建立供给与需求的良性互动，转变政府单边驱动的公共资源供给体制。采取信息化技术手段，构建公共资源质量管理系统，形成公众参与型、协作型的公共资源供给机制。四是建立公共资源综合化的评价体系。强化以人为本的公共服务理念，强化“对人的

服务”的质量考核指标及其权重。

（二）重点领域

1. 优化经济资源布局

第一，提高基础设施建设供给能力与服务水平。在我国的高质量发展阶段，需要通过打造新动能和加快补短板的进程促进经济结构的转型。“两新一重”涵盖了此类经济活动与内容，“两新一重”即新型基础设施建设、新型城镇化建设及交通、水利等重大工程建设。2020 年政府工作报告中明确提出，要重点支持“两新一重”建设。

因地制宜地开展新型基础设施建设。主要包括各地因地制宜地在 5G 基站、特高压、城际高速铁路和城市轨道交通、新能源汽车充电桩、大数据中心、人工智能、工业互联网等领域加大投资，坚持以技术创新为驱动，以信息网络为基础，面向高质量发展需要，提供数字转型、智能升级、融合创新等服务，通过技术创新、模式创新等持续打造经济增长新动能。

根据不同的发展条件开展新型城镇化建设。不同区域根据不同的发展条件，在区域公共资源供给能力的建设上，与新型工业化、农业农村现代化实现融合发展。主要内容包括：与乡村振兴战略相结合，有力支撑区域的协调发展；通过更多区域公共资源设施建设，支持农业转移人口市民化；各地根据不同的地理区位优势，把都市圈、城市群作为新型城镇化建设的主体形态；各地根据不同城市的发展程度，把中心城市作为新型城镇化建设的主要先导区；各地把县域经济的发展作为新型城镇化建设的重要支撑点；各地坚持特色发展，将特色小镇的公共基础设施作为新型城镇化建设的有效载体；特高压方面要开展西电东输工程的建设。

因地制宜地瞄准“补短板”开展交通、水利等重大工程建设。重大交通、水利等工程是促进各地融合发展、加快经济活动在地区间流动的基础条件，同时也是国家基础设施补短板的重要领域。铁路（含高速铁路）、公路（含高速公路）、河运航道（含岸线、港口）、航空（含通用航空、机场）等是我国各地需要在交通领域开展的基础设施建设，开展北煤南运（山西）和西煤东运的大通道建设等；水利方面需要进一步发挥水利工程的防洪减灾作用，尤其是在长江、黄河上游山区开展蓄水防洪工程建设，有效开展防洪涝灾害的预防工作。

第二，提高基础研发供给能力与服务水平。加强基础研究资助与国家区域经济发展政策的互动。基础研发投入方面要考虑超前的战略部署，一方面，基础研发投入应考虑国家的区域经济发展政策；另一方面，结合不同区域的科研配置情况，进一步强调基础研发投入的前瞻性和区域导向性。

提高基础研发的投入水平，加大基础研发投入在研发投入中的比重。从总量上加大基础研发投入，进一步提高基础研发经费投入占比，解决原创性研发不足问题；重点开展前瞻性基础研究，推动引领性原创成果实现重大突破。

改善基础研发投入的结构。进一步改善基础研发投入主体结构，提高地方政府和企业基础性研发投入比例。完善国家重点实验室投入机制，促进与企业合作共建共享。进一步完善国家重点实验室经费多元化投入制度，建立健全与国际接轨的激励机制，更好地服务国家发展需要。鼓励各省级行政区域加强基础研发投入，完善中央与地方的基础研发财政投入机制。

提高非技术的支撑水平，提高区域科创中心和服务平台快速打通成果转化“最后一公里”的能力。丰富创新创业服务类功能型平台内容，在创新成果转化、技术转移、产业化应用等环节提升服务水平，提供孵化、产品验证与认证、信息与法律咨询、科技金融等配套服务。

第三，提高突发事件应急反应的供给能力与服务水平。突发事件应急反应的公共资源供给主要针对突发性外部冲击对经济发展和人民生活造成的影响。

建立并完善突发事件的监测与预警体系。针对类似“非典”“新冠”等疫情，预防为主是代价最小、最行之有效的方法。各级医疗和政府部门提前发现传染病是预防准备工作的关键环节，重点在于完善疫情早期监测与预警体系。

提高先期处置和防控的快速反应能力。以公共卫生领域为例，要完善突发公共卫生事件应急预案，在风险评估的基础之上，结合情景构建方法，对假设的最坏情景参数进行具体赋值，借此分析与改进应急预案的不足之处。

加大科技支撑的基础研究和应急物资储备。针对公共卫生领域的突发事件，需要加强抗病毒药物和病毒溯源的基础研究；针对自然灾害等事故，需要加强地震、洪灾等基础数据的分析等；针对类似于系统性金融风险等事件，需要加强国际和国内金融领域的宏观、中观和微观的风险研究。同时，应急物资是防控传染病疫情的基础支撑，需要加强常态化管理。

2. 优化生态资源布局

在区域经济视角下，不同区域的生态环境资源有所差异，能提供的生态公共资源各有不同，而具有明显区域特点的经济区往往是在对本区域生态公共资源合理利用的基础上形成的。整体上看，优化生态资源的布局主要内容包括：重大生态建设与保护布局；重大水资源开发保护与有效利用；西部和中部地区对全国的生态、流域保护、大江大河保护的利益补偿等。

第一，在重要河域建立生态补偿试验区。在长江、黄河、珠江等流域建立生态补偿试验区，将流域范围内的试验区纳入相关区域的发展战略，例如，将新安江流域生态补偿改革试点升级为国家层面的新安江—千岛湖生态补偿试验区，并将其纳入长三角一体化发展大局中。

第二，完善纵向系统生态补偿机制。建立并逐步完善生态产品价值科学评价体系，健全土地、水、矿产、森林等领域自然资源有偿使用制度，形成生态产品市场体系，探索用水权、排污权、碳排放权初始分配制度，培育和发展交易平台。

第三，健全横向区际多元补偿机制。完善当前长江、黄河等流域的下游对上游的资金补偿机制，解决补偿资金无法满足生态环境治理投入不足的问题。探索建立基于生态产品和服务价值流域的横向多要素综合生态补偿机制，通过对口协作、技术支持、产业转移、人才交流、共建园区等方式，建立多元化区际利益补偿机制。

第四，健全完善生态补偿资金使用和管理制度。明晰生态区际利益补偿实施方案规定的资金用途，科学制定资金补助项目实施方案，实施流域所涉及省域的财政、环保部门备案制度，提高补偿资金使用的透明度和合理性。

3. 优化社会服务保障功能

经济高质量发展的最终目的是满足人民对美好生活的需要。经济转向高质量发展，要落实到社会民生事业的高质量发展上，要逐步实现公共服务均等化的目标。

第一，努力实现教育均等化。针对不同地区的失学辍学原因，因地因人施策，着力避免中西部、东北地区，甚至部分东部贫困地区的因贫失学辍学、因基础设施不完善失学辍学的问题发生。提高农村教育质量，尤其是中西部地区的农村教学质量，缩小城乡教育资源差距，实现优质教育资源均衡配置和流动共享，建立健全城镇教师到农村学校支教制度。大力发展职业教育，加强东西协作、结对帮扶，提高职业教育质量，为边远山区和贫困地区的孩子提供职业教育机会，为中西部地区承接东部产业转移创造条件。

第二，努力实现基本医疗卫生服务均等化。落实中央关于深化公立医院改革的要求，推进医疗领域“放管服”改革。充分发挥高水平医院的龙头引领和示范效应，辐射带动区域医疗卫生事业协调发展。加快推进医疗服务价格优化调整，健全药品供应保障制度。不断完善基本医疗保障制度，实现异地就医结算，形成医疗、医保、医药“三医”联动合力机制。

四、优化区域公共资源空间布局的举措建议

针对我国高质量经济发展背景下的区域公共资源的内容及公共资源的现状与存在的问题，深入贯彻“六宜”的区域发展原则和服务双循环新发展格局的原则，在下述区域内就我国区域经济空间布局优化的举措展开说明。

（一）优化京津冀协同发展的公共资源布局

促进人工智能、云计算技术等新基建在北京落地。发挥北京基础研发能力强的优势，通过应用研究和开发研究的一体化研究和市场机制的完善，带动天津、河北协同发展。通过城际高速铁路和城际轨道交通等重大公共资源布局的优化，实现北京对津冀地区从虹吸效应到辐射效应的转变。

1. 解决协同发展不平衡的问题

一是空间布局不平衡，京津冀区域没有形成合理的城市群等级结构，京津超大城市的“大城市病”与河北省城市整体性不强并存；二是创新发展不平衡，北京一枝独秀，“中心—外围”格局凸显；三是经济发展不平衡，京津冀三地分别处于工业化、信息化、城镇化、农业现代化的不同阶段，经济结构和新旧动能严重不匹配；四是协调发展、行政区分割不平衡，“行政区行政”现象明显，使京津冀区际要素流动、产业转移和商品贸易不畅通；五是城乡之间、居民财产与收入之间不平衡，京津冀三地之间发展差距巨大，形成了“双重三元结构”（“双重”是指发达的中心城市、落后的周边及乡村革命老区，包括“环京津贫困带”；“三元”是指城市居民、乡村农民和外来移民），公共资源供给

区域内差距过大，并且还存在继续拉大的趋势。

2. 构建立体完善的利益共享机制

在区域治理的过程中，应当通过共享资源和利益来调动区域内各方的积极性，同时对京津冀协同发展过程中做出重大牺牲的地区进行利益补偿，建立利益补偿机制，保障京津冀地区协同发展的顺利进行。

（二）优化长江经济带发展的公共资源布局

长江经济带横跨东、中、西三大空间区域，形成了高、中、低三个不同经济发展水平的区域协调发展新体系。要进一步加大跨江大桥建设力度，平衡好上、中、下游跨江大桥分布，并加快沿江高铁建设的规划实施。需要进一步研究长江流域航道建设与运力增加问题，平衡好水电的大坝建设与航道建设。

1. 发挥长江中游城市群对中部地区崛起的战略支撑作用

通过交通、能源、信息和水利等基础设施建设，提高长江中游城市群对周边区域的公共资源经济服务能力。长江中游城市群发挥着承东启西、连接南北的重要作用，是中部崛起的战略支撑带。长江中游城市群以钢铁、汽车等传统工业为基础，以电子信息、生物工程、新能源等高科技产业支撑经济发展，但同时，长江中游城市群也存在着中心城市辐射能力较弱和产业关联度较弱的问题，不容易形成优势产业集群，也不容易实现产业链的有效延伸，公共资源配置较差，所以长江经济带的发展需要注意弥补这一不足。

2. 加快推进“一带一路”与长江经济带的衔接贯通

长江经济带各城市群通过优化公共资源的布局，进一步挖掘长江中上游广阔腹地所蕴含的巨大内需潜力，完善投资结构，扩大有效内需，而且其注重加强沿江东中西部的产业互动合作与交通、能源的互联互通，有助于实现发达地区与欠发达地区协调发展。“一带一路”在能源、技术、资金、人才等方面的资源优势，可为长江经济带的转型升级提供坚实的支撑。长江经济带各城市群通过基础设施、产业转移、生态环境等方面的合作，也可为“一带一路”国家和地区开展更高层次、更大范围、更广领域的合作提供经验和示范。

（三）优化长三角区域一体化发展的公共资源布局

长三角地区具有明显的基建优势，可以进一步发挥上海作为中心城市的带动与辐射作用，陆运、航运、水运优势明显。以上海为中心的同城化都市圈的发展已经有很好的基础，上海与近沪地区主要城市基本已经实现了 2 小时通达，与苏州、嘉兴两地的高铁通达时间只需 30 分钟，与无锡、杭州、常州的通行时间也可基本保持在 1 小时以内。

1. 充分发挥新基建带动新经济发展的作用

对于新基建中融合基础设施部分涉及的智慧交通等内容，长三角地区处于领先状态。上海、合肥、杭州和南京的高等院校基础研发能力强，且工业基础雄厚，在产学研一体化发展上有较强的潜力。以阿里巴巴为代表的新经济业态引领着新型基础设施企业的投资方向。阿里巴巴成立的达摩院聚焦量子计算、机器学习、基础算法、网络安全、视觉计算、自然语言处理、人机自然交互、芯片技术、传感器技术、嵌入式系统等基础研究领域，能够为机器智能、智联网、金融科技等多个产业领域提供技术支持。

2. 充分发挥基础研发平台对产业发展的支撑作用

在基础研发平台的建设上，要构建产业发展的共享机制，进一步提升公共资源的经济供给能力。从产业发展方向上看，长三角的资源禀赋特征对新经济的催化将很可能主要发生在电子通信（集成电路）、互联网大数据（新零售、云计算等）、生物医疗、汽车、新材料、机械设备制造六大领域。

（四）优化粤港澳大湾区建设的公共资源布局

1. 充分发挥粤港澳大湾区海港与河港的基础设施优势

粤港澳大湾区拥有众多高级别的海港与河港，广州、深圳、香港三个国际枢纽港口占据龙头地位，分别属于4.5亿吨、2亿吨和1亿吨级别的海港。充分发挥深圳和香港在金融领域的发展优势，挖掘金融基础设施发达所形成的产业带动能力。通过新基建带动粤港澳大湾区的产业升级发展，催生发展新动力，实现香港、深圳、广州等城市的多极化协同发展，在医疗保障、养老、教育和就业等社会民生领域提供融合发展的公共资源与服务。

2. 加强粤港澳三地的规划与发展的科学统筹

粤港澳三地在经济资源的布局上实现融合发展，需要进一步促进香港的金融优势与广深的创新能力相融合，尽快消除横亘在三者之间的制度差异。

（五）优化黄河流域生态保护和高质量发展的公共资源布局

黄河流域包括青海、四川、甘肃、宁夏、内蒙古、陕西、山西、河南、山东九省区，要坚持绿色发展的理念，深入贯彻“六宜”原则，在生态文明建设、河域治理、跨河大桥隧道建设（例如，济南城市北跨）等方面优化重大公共资源布局。

1. 通过黄河上下游的生态补偿机制，优化生态资源布局

第一，探索市场化补偿、生态价值等科学性核算机制。第二，提高补偿标准及补偿方式的针对性、合理性及科学性。摒弃自上而下的流域生态补偿机制的“一刀切”做法，重视流域上游不同区域生态保护成本的异质性和利益偏好。第三，精准识别上下游的相关利益主体，正确区分上、中、下游不同地区与相关利益主体的一致性，解决补偿错位的问题。第四，全国统一的资源环境承载力评价指标体系要兼顾地方实际情况。

2. 适度超前推进桥梁、隧道等跨河基础设施建设

围绕黄河流域的都市圈（例如“大济南都市圈”）建设，优化相关区域基础设施建设布局。部署跨越黄河的通道规划建设，用超前思维规划先行区的基础设施建设，按照滚动开发建设的思路，规划一批、建设一批、建成一批，按照2025年、2030年和2035年的时间节点，持续建设北跨黄河的城市区域桥隧。加强系统性研究与规划，形成系统性建设方案，报水利部黄河水利委员会审核。

（六）优化西部大开发的公共资源布局

1. 继续发掘水运、航空、铁路等交通基础设施建设的潜力

在西部大开发战略和中央政府的政策支持下，以成都、重庆和西安三大城市群为代表的经济区在水运、航空和铁路运输方面的基础设施都较为完善。重庆果园港全面建成后吞吐量将达200万标准箱，成为中国内河最大的联运枢纽港。2011年3月19日，渝新欧班列首次进行全程运行，开启了中国内陆地区以铁路联通欧洲的序幕；2017年2月，“渝新欧”累计突破1000班，在国内众多中欧班列中居首位。

2. 推进都市圈与城市群引领发展

在成渝都市圈、关中城市群、兰新都市圈优化公共资源布局。国家发展和改革委员会、住房和城乡建设部分别于2016年4月27日和2018年2月7日联合印发《成渝城市群发展规划》和《关中平原城市群发展规划》，结合西部大开发“十三五”规划中涉及的西部三大城市群的两省一市部分内容，国家鼓励西部三大城市群的发展，相关基础设施建设和城市公共资源供给能力将得到进一步提升。

（七）优化中部崛起的公共资源布局

1. 强化“一中心、四区”的战略定位，加强经济、生态和社会公共资源的供给与服务能力

2016年12月7日，国务院常务会议审议通过了《促进中部地区崛

起规划（2016至2025年）》。新规划在继承原有“三基地、一枢纽”（中部地区全国重要粮食生产基地、能源原材料基地、现代装备制造及高技术产业基地和综合交通运输枢纽）的定位基础上，进一步提出了“一中心、四区”（全国重要先进制造业中心、全国新型城镇化重点区、全国现代农业发展核心区、全国生态文明建设示范区、全方位开放重要支撑区）的战略定位。

2. 充分发挥武汉和郑州的交通枢纽优势

中部地区交通体系十分发达，拥有高铁、公路、航空、地铁、水运、管道等综合交通枢纽体系。“十三五”规划将郑州定位为国际性综合交通枢纽，数十条国家高铁干线在河南交会，郑州东站是全国唯一的一座“米”字形高铁枢纽，郑州北站是亚洲最大的列车编组站，郑州站是全国最大的客运站之一，充分发挥了中国铁路心脏的优势。武汉是长江中游航运中心、全国铁路路网中心、全国高速公路网重要枢纽，在此基础上，武汉能形成全国重要门户机场、全国重要物流基地，并可以进一步构建以武汉为中心的“米”字形高铁网。

3. 提升中部地区的城镇化服务水平

中部地区城市化水平较低，城镇化建设具有巨大的发展潜力。从2018年的数据来看，在中部六省的3.67亿人口中，1.94亿为城镇人口，城市化率仅为52.77%，低于全国平均水平4.58个百分点。按省份来看，中部地区只有城市化率最高的湖北略高于全国平均水平，其他省份城市化率皆在全国平均水平之下，河南更是仅有48.5%。

（八）优化东北全面振兴的公共资源布局

1. 充分发挥东北作为我国重要的工农业基地的优势

在国家公共资源的供给结构上，东北地区在国家国防安全、粮食安全、生态安全、能源安全、产业安全方面具有非常重要的战略地位。

2. 充分重视资源枯竭带来的公共资源供给能力下降问题

资源枯竭会造成公共资源供给能力下降的问题：一是资源部门的扩张造成制造业萎缩，降低了资源配置效率；二是资源型产业扩张必然导致人力资本积累不足；三是产权制度不清晰、法律制度和市场规则不健全，必然导致资源部门寻租和腐败行为发生；四是资源日益枯竭和资源过度开发，必然会加大生态环境压力。

3. 充分重视人口流出带来的公共资源需求不足问题

近年来，东北地区人力资本外流趋势凸显，使得本已较为严重的人口老龄化问题雪上加霜。全国第六次人口普查显示，东北三省人口净流出累计达200万人，近年来这种趋势仍在持续，外流的人口中，大部分都为年轻劳动力和高素质人才，这使得东北地区的人力资本供应难以满足经济转型升级的人才需求，也降低了对公共资源的需求。

（九）加快实现“一带一路”基础设施的互联互通

1. 以基础设施联通完善我国全方位对外开放格局

以全方位开放为目标，加强与周边国家的基础设施合作，加快实现互联互通，发展交通、物流、口岸等基础设施，优化完善沿边、内陆与沿海等区域的对外开放格局，加快推进重庆—云南—广西的陆海新通道建设，推动贸易、产业等发展。

2. 以基础设施联通推动国际产能合作

从高端产业链和中低端产业链两个维度，以基础设施的互联互通为基础，通过产能的内外双向转移，主动对接合作俄罗斯欧亚经济联盟、哈萨克斯坦“光明之路”计划、越南“两廊一圈”战略等，推动国际产能合作。

3. 以基础设施联通深化国际区域经济合作

依托中国—东盟自由贸易区、上海合作组织、东北亚区域合作组织等，以周边为基础加快实施自由贸易区战略，打造面向全球的高标准自贸区网络，深化基础设施领域的合作，促进生产要素在国际市场有效配置。

执笔人：郭迎锋

第六章

开放型经济体系下的区域经济空间布局研究

区域开放是中国整体开放的一个重要组成部分，改革开放40多年来，我国区域开发不断取得新进展。中国是一个区域经济发展水平差距明显的大国，各地区实际情况差别很大，从空间分布上看区域开放水平自东向西逐步降低，呈现出与区域经济发展水平高度相关关系①，对内对外开放都存在不同的诉求，各地区开放的步伐客观上存在不同要求。在世界经济形势异常复杂的局面下，研究开放型经济体系的区域经济空间布局，更好地顺应开放条件变化，优化区域开放空间和经济空间布局，对于推动形成优势互补高质量发展的区域经济布局具有重要的现实意义。

一、我国区域开放合作的情况与态势

2013年习近平主席出访中亚和东南亚国家期间，先后提出共建“丝绸之路经济带”和“21世纪海上丝绸之路”的重大倡议，引起国际社会的广泛关注。“一带一路”建设充分依靠中国与有关国家既有的双多边机制，借助既有的、行之有效的区域合作平台，陆上依托国际大通道，以沿线中心城市为支撑，以重点经贸产业园区为合作平台，共同打造新亚欧大陆桥、中蒙俄、中国—中亚—西亚、中巴、孟中印缅、中国—中南半岛等六大国际经济合作走廊；海上以重点港口为节点，共同

① 张应武，李董林. 基于动态因子分析法的区域开放型经济发展水平测度研究[J]. 工业技术经济，2017(3).

建设通畅、安全、高效的运输大通道，着力推进“五通”建设。“一带一路”建设是中国对外开放的升级版，是沿线国家合作的重要平台。

在“一带一路”建设引领下，国内各地区正积极发挥比较优势，实行更加积极主动的开放战略，推动形成陆海内外联动、东西双向互济的开放格局。

（1）西北和东北地区。新疆陆地边境线长达5600多公里，是中国毗邻国家最多的省份，随着“一带一路”倡议的深入推进，新疆正发挥区位优势和向西开放的窗口作用，不断深化与中亚、南亚、西亚等国家的交流合作，着力打造丝绸之路经济带核心区，其在新亚欧大陆桥上的枢纽作用也愈加明显。2018年，阿拉山口、霍尔果斯成为中欧班列进出境口岸通道，新疆口岸对“一带一路”沿线36个国家和地区进出口额实现2915.4亿元，同比增长13.5%，占同期新疆口岸进出口贸易总额的98.2%。陕西通过发挥综合经济文化优势，主动对接共建“一带一路”倡议、黄河流域生态保护和高质量发展等重大发展战略，推动中欧班列长安号高质量发展，建设西安集结中心，加快形成面向中亚、南亚、西亚国家的通道和商贸物流枢纽。对内加强西安港与天津港、青岛港、宁波港等的合作，优化“飞地港”布局，积极打造内陆型改革开放新高地。甘肃、青海、宁夏是古丝绸之路的必经之地和商埠重镇，是东、中部地区进入河西走廊、新疆，通往中亚、欧洲的便捷通道，在地域上连接西东。三省区正加快邻省及省域城市之间互联互通，联通河西走廊，延伸至新疆大地，通达中亚、欧洲，推动兰州、西宁、银川开发开放，积极承接国际资本和国际国内产业转移。宁夏是内陆开放型经济试验区，正发挥着特有的民族人文优势，形成面向中亚、南亚、西亚国家的通道，建设商贸物流枢纽、重要产业和人文交流基地。据统计，截至2019年9月，宁夏对“一带一路”沿线国家累计实现进出口总额400多亿元，年均增长超过5%；在蒙古国、俄罗斯、吉尔吉斯斯坦、埃及等“一带一路”沿线国家设立了32家境外企业；对“一带一路”沿线国家和地区新兴市场出口商品占其总出口的36%。内蒙古正发挥我国向北开放和建设中俄蒙经济走廊的巨大优势，设立了19个对俄、对蒙边境口岸，积极推进中蒙俄经济走廊建设。我国正着力完善黑龙江对俄铁路通道和区域铁路网，以及推动黑龙江、吉林、辽宁与俄远东地区陆海联运合作，加快三省口岸建设，推进黑龙江、辽宁两省自贸区建设，构建北京—莫斯科欧亚高速运输走廊，加快更加便捷的水陆及陆路交通建设步伐，建设向北开放的重要窗口。

（2）西南地区（沿边省份）。广西与东盟国家陆海相邻，是西部陆海新通道交会门户，处在贯通中国西部地区、连接“一带一路”，衔接粤港澳大湾区，协同衔接长江经济带，建设西部国际贸易大通道的关键节点上，是我国21个自贸试验区之一。广西正发挥其得天独厚的优势，积极参与大湄公河次区域经济走廊建设，构建面向东盟区域的国际通道，打造西部、中南地区开放发展，贯通海南自贸港新的战略支点，是21世纪海上丝绸之路与丝绸之路经济带有机衔接的重要门户。云南拥有面向三亚（南亚、东南亚、西亚），紧靠两湾（北部湾、孟加拉湾），肩挑两洋（太平洋、印度洋），通江达海沿边的独特区位优势，中国—中南半岛、孟中印缅两大经济走廊在云南交会连接①。云南是中国参与澜沧江—湄公河合作的主体省份，截至目前，中越、中老、中缅（瑞丽方向）高速公路境内全部建成通车；中越铁路境内段建成通车，中老铁路全线开工建设，中缅铁路境内段加快建设。云南客货运航线基本实现了南亚、东南亚国家首都和重点旅游城市全覆盖。中缅油气管道全面贯通投运，与越南、老挝、缅甸实现局部电力联网贸易。云南正着力完善国际多双边合作机制，积极打造大湄公河次区域经济合作新高地，建设面向南亚、东南亚的辐射中心。围绕培育环喜马拉雅经济合作带，参与孟中印缅经济走廊建设，推进西藏与尼泊尔等国家的边境贸易和旅

① 樊海旭．七彩云南融入一带一路　实现跨越式发展[EB/OL]．人民网(国际频道),2019－04－24.

游文化合作。

（3）沿海和港澳台地区。长三角、粤港澳大湾区、海峡西岸、环渤海等地区开放程度高，经济实力强，辐射带动作用大，全国21个自由贸易试验区有9个在东部沿海地区。海南已全面启动建设自贸港，深圳前海、广州南沙、珠海横琴、福建平潭等已发挥区域开放合作示范区作用。浙江海洋经济发展示范区、福建海峡蓝色经济试验区建设正全力推进，上海浦东和舟山群岛等8个新区建设不断取得新成效。该区域拥有上海、天津、宁波舟山、广州、深圳、湛江、汕头、青岛、烟台、大连、福州、厦门、泉州、海口、三亚等配套完善的沿海港口城市，北京、上海、广州等国际枢纽机场功能不断强化。开放型经济体制机制创新不断取得新进展，上海、北京、深圳等城市正着力建设科技创新中心，已形成参与和引领国际合作竞争新优势，成为“一带一路”特别是21世纪海上丝绸之路建设的排头兵和主力军。

（4）中部地区。中国内陆腹地纵深广阔，传统产业基础好，人力资源丰富，拥有重庆、成都、武汉、郑州、西安等5个国家中心城市。快速成长的长沙、南昌、合肥等中心城市，已成为区域增长极，正在全力打造内陆开放型经济高地。中欧班列基本贯通长江中游城市群、成渝城市群、中原城市群、呼包鄂榆城市群、哈长城市群等重点区域，重点城市群正积极推动区域互动合作和产业集聚发展。武汉、郑州、西安等内陆城市航空港、国际陆港建设成效明显，但与沿海城市相比，区域开放基础和条件差距依然很大。

改革开放40多年来，随着改革的不断深化，我国对内开放合作不断走向深入。国家制度层面上，党的十六大强调“加强东、中、西部经济交流和合作，实现优势互补和共同发展”“打破行业垄断和地区封锁，促进商品和生产要素在全国市场自由流动”。党的十七大提出，要“推动区域协调发展”“加快形成统一开放竞争有序的现代市场体系”。党的十八大进一步强调“促进沿海内陆沿边开放优势互补”。党的十九大在区域合作方面强调“实施区域协调发展战略，建立更加有效的区域协调发展新机制”；在改革举措上要求“打破行政性垄断，防止市场垄断”；在区域开放上强调“优化区域开放布局”“形成陆海内外联动，东西双向互济的开放格局”。随着制度安排、政策设计等核心层面的区域合作不断推进，涉及资源要素流动、基础设施建设、产业布局安排、生态环境保护、基本公共服务供给等经济社会各领域的区域合作不断拓展并全面深入展开。实践中，在国家行政力量和市场机制的共同作用下，区域间横向交流增加，东部沿海发达地区和中西部地区逐步建立跨区域合作关系，以“飞地经济”为典型代表的区域经济合作模式打破行政壁垒，按照扬长避短、形式多样、互利互惠、共同发展的原则，探索跨空间的行政管理和经济开发，并取得积极成效。为缩小区域发展差距，国家支持和鼓励沿海发达地区产业向中西部地区梯度转移，随着一部分产业梯度转移，承接产业转移示范区、东中西合作示范区等区域合作平台不断涌现，对口支援、对口协作等合作方式不断创新发展，在一定程度上促进了人才、技术、资金等的跨区域流动。

二、后疫情时代区域开放合作新趋势

新冠肺炎疫情给世界各国经济发展和贸易往来带来了破坏和挑战，但同时也带来了加强各方合作的契机。从全球疫情防控以及疫情后对全球经济、贸易的影响来看，东北亚、欧洲、北美等全球三大生产网络中，以中日韩为中心的东北亚，尤其是中国率先走出疫情困局。疫情发生以来，美国防控不力，加上示威大游行，疫情日趋严重，对经济造成严重影响；欧洲多国疫情出现反弹。

全球经济中心有望进一步向东亚地区转移，2020 年1—9 月，投资方面，我国企业对“一带一路”沿线国家非金融类直接投资 130. 2 亿美元，同比增长 29. 7%，占同期投资总额的 16. 5%，较上年提升 4. 1 个百分点。在“一带一路”沿线国家新签承包工程合同额 837. 1 亿美元，完成营业额531.3亿美元，分别占同期对外承包工程新签合同额和完成营业额的55.7%和58.2%。贸易方面，我国对东盟、欧盟、美国、日本、韩国进出口额分别为3.38万亿元、3.23万亿元、2.82万亿元、1.61万亿元、1.45万亿元，分别增长7.7%、2.9%、2%、1.4%、1.1%，其中，东盟为中国第一大贸易伙伴，进出口额占中国外贸总额的14.6%。中国对"一带一路"沿线国家进出口额达6.75万亿元，同比增长1.5%。加上疫情对全球国际经贸多边合作机制形成巨大冲击，未来一段时期经贸合作更加趋于区域化，全球供应链、产业链也将呈区域化和本土化趋势。OECD的贸易附加值数据库（TiVADatabase）显示，中国的工业产出对亚洲供应链的影响更大①。

在这一大背景下，区域全面经济伙伴关系协定（RCEP）历经八年谈判，于2020年11月15日正式签署，中国加入全球最大自贸区。RCEP成员国包括东盟十国与中国、日本、韩国、澳大利亚、新西兰等5个国家。15个成员国的总人口、经济体量、贸易总额均占全球总量约30%，RCEP的签署意味着全球约1/3的经济体量将形成一体化大市场，货物贸易零关税产品数量整体上超过90%，服务贸易和投资开放水平显著高于原有的"10+1"自贸协定。这既是东亚区域经济一体化新的里程碑，也是推动构建本区域内的供应链与价值链，进一步提高生产效率，扩大各国的比较优势，参与原产地的价值累积，促进区域内相互贸易投资，进而推动疫情后东亚地区经济快速恢复，实现全球经济增长的强心剂。

三、我国区域开放进程中面临的主要问题

我国传统的区域开放多是给特定区域更多优于其他区域吸引外商投资、对外贸易便利化的优惠政策，以便于特定区域在对接国际市场、推

---

① 移投行. 在后疫情时代，"中国制造"的机遇与挑战[Z]. 移投行微信公众号，2020(6).

动国内改革等方面形成有积极意义的体制机制，但也导致了我国区域间差距拉大、发展不平衡、竞争不公平、资源错配等问题。

（一）外商投资和对外贸易向东部地区高度集聚

20 世纪 80 年代，伴随我国外贸体制改革以及沿海地区率先对外开放，我国设立了经济特区和国家级经济技术开发区，中央和地方政府为东部沿海开发区制定了大量的优惠政策，以吸引外商投资，发展外向型经济。外商投资大量涌向东部地区，带动这些区域对外贸易发展。2000—2010 年，东部地区创造的进出口贸易额占全国比重达 87% 以上，其中广东很长一段时间该占比达到全国的 1/3（见表 6.1），多数外商投资企业也聚集在东部地区。

1998 年亚洲金融危机后，中西部地区才设立经济技术开发区，尽管中西部地区加速赶超，但开放理念及综保区、口岸建设等基础设施并没有同步跟进，同时，开放发展也受制于区位优势，中西部地区的开放进展非常缓慢。2013 年后，得益于“一带一路”建设，我国着力构建陆海内外联动、东西双向互济的开放格局，中西部地区对外开放速度明显提升。从进出口贸易额占全国比重来看，与 2010 年以前相比，2015—2018 年，西部地区占比提升了 3 ~ 4 个百分点（见表 6.1），中部地区提升了 3 个百分点以上。2000 年后，即便是拥有像大连这样条件优良的最早开放的沿海港口城市，东北地区（主要是辽宁）进出口贸易额占全国比重也呈明显的下降趋势。东部地区进出口贸易额占全国比重也同样出现分化，长三角地区该比重在 2000 年后有明显的攀升，到 2016 年后总体稳定在 35%，珠三角、京津冀地区总体表现为下降趋势。

表 6.1　我国各区域按收货人所在地分进出口贸易额占全国比重　（%）

年份	2000	2005	2010	2015	2016	2017	2018
内蒙古	0.55	0.34	0.29	0.32	0.32	0.34	0.34
广西	0.43	0.36	0.60	1.29	1.29	1.41	1.35
重庆	0.38	0.30	0.42	1.88	1.70	1.62	1.71

续表

年份	2000	2005	2010	2015	2016	2017	2018
四川	0.54	0.56	1.10	1.29	1.34	1.66	1.95
贵州	0.14	0.10	0.11	0.31	0.15	0.20	0.16
云南	0.38	0.33	0.45	0.62	0.54	0.57	0.65
西藏	0.03	0.01	0.03	0.02	0.02	0.02	0.02
陕西	0.45	0.32	0.41	0.77	0.81	0.98	1.15
甘肃	0.12	0.18	0.25	0.20	0.19	0.12	0.13
青海	0.03	0.03	0.03	0.05	0.04	0.02	0.02
宁夏	0.09	0.56	0.07	0.09	0.09	0.12	0.08
新疆	0.48	0.56	0.58	0.50	0.48	0.50	0.43
西部地区合计	3.62	3.66	4.32	7.36	6.97	7.55	7.98
北京	10.46	8.83	10.15	8.08	7.66	7.89	8.92
天津	3.62	3.75	2.76	2.89	2.79	2.75	2.65
河北	1.10	1.13	1.41	1.30	1.27	1.21	1.38
山东	5.27	5.40	6.36	6.09	6.36	6.44	6.33
上海	11.53	13.10	12.41	11.36	11.77	11.59	11.16
江苏	9.62	16.03	15.66	13.80	13.82	14.38	14.36
浙江	5.87	7.55	8.53	8.77	9.13	9.20	9.35
广东	35.86	30.10	26.39	25.87	25.92	24.51	23.46
海南	0.27	0.18	0.29	0.35	0.31	0.25	0.28
福建	4.47	3.83	3.66	4.27	4.26	4.16	4.05
东部地区合计	88.09	89.89	87.61	82.79	83.28	82.40	81.95
山西	0.37	0.39	0.42	0.37	0.45	0.42	0.45
河南	0.48	0.54	0.60	1.87	1.93	1.89	1.79
湖北	0.68	0.64	0.87	1.15	1.07	1.13	1.14
湖南	0.53	0.42	0.49	0.74	0.71	0.88	1.01
江西	0.34	0.29	0.73	1.07	1.09	1.08	1.04
安徽	0.71	0.64	0.82	1.21	1.21	1.32	1.36
中部地区合计	3.11	2.92	3.93	6.41	6.46	6.71	6.79

续表

年份	2000	2005	2010	2015	2016	2017	2018
辽宁	4.01	2.88	2.71	2.43	2.35	2.43	2.48
吉林	0.54	0.46	0.57	0.48	0.50	0.45	0.45
黑龙江	0.63	0.67	0.86	0.53	0.45	0.46	0.57
东北地区合计	5.18	4.02	4.14	3.44	3.30	3.34	3.50

资料来源：各年《中国统计年鉴》。

从外贸依存度来看，我国北京、上海、广东的外贸依存度是全国最高的，意味着这些城市参与国际竞争和国际分工的能力相对是最强的。就珠三角而言，随着“一带一路”建设以及一些产业向中西部地区梯度转移，广东省进出口贸易额占全国比重呈现明显下降趋势，但2014年、2015年广东省GDP占全国比重始终保持在9.8%，2016年后攀升到10.8%。广东的外贸依存度从2000年的145.7%调整下降到2018年的73.6%（见表6.2），这与广东省的贸易结构有关，改革开放初期，广东以来料加工为主，作为引进外资扩大出口、发展外向型经济的启动模式，此后发展为以进料为主的劳动密集型加工贸易，加工贸易企业追逐低要素成本，在国际贸易中表现为中间品的大出大进，以及较高的外贸依存度，并且这类产业很难根植到一国产业体系。2008年，广东开始实施“腾笼换鸟”，即实施产业和劳动力的“双转移”战略，到2016年一般贸易占比首次超越加工贸易，逐步实现了以外资为主的加工贸易企业向以民营经济为主体的一般贸易企业转型。广东省民营企业通过建设自有品牌，以自有资金链积极参与国际分工，融入全国乃至全球产业体系，使广东省实现了在生产要素供求关系不断趋紧、成本持续攀升的情况下，依然保持对外贸易总额、经济规模的稳定增长，外贸依存度缓慢下降的成功转型。

（二）内陆地区开放型经济建设滞后

从经济外向度来看，内陆地区的外向度远低于东部沿海地区，经济外向度低已成为长期制约内陆地区经济持续快速发展的“短板”。从表6.1中可见，贵州、甘肃、青海、宁夏、山西等省份长期以来进出口贸易额占全国比重都处在1%以下，有的省份甚至不足1‰。从内陆省份外贸依存度来看，2000年河南的外贸依存度是全国最低的，为3.7%；2005年，除西藏以外，我国外贸依存度低于10%的省份主要有贵州、青海、河南、湖南、江西、四川等内陆省份；2010年，外贸依存度低于10%的省份有内蒙古、贵州、陕西、青海、宁夏、山西、河南、湖南等省份，这其中，除内蒙古为边境省份外，其他均处于内陆地区；2018年，外贸依存度低于10%的省份有内蒙古、贵州、西藏、甘肃、青海、宁夏、河北、山西、湖北、湖南和吉林等11个省份（见表6.2）。这些年，外贸依存度从未超过10%的省份主要是湖南、贵州、青海等3个内陆省份，一方面，由于这3个省份处内陆，在区位上受物流运输成本、资金、信息、人才等诸多因素制约；另一方面，与内陆省份的产业基础、资源禀赋等有很大关系。从2000—2018年我国各省外贸依存度变化来看，突破10%的内陆省份，比如山西、内蒙古（边境省份）有煤炭等资源型产品出口，重庆、河南等省份利用人力资源优势，引进电子类劳动密集型产业实现突破。可见，内陆地区要参与国际分工，必须坚持从自身特点和资源禀赋出发，不断培育适应国内发展需要的产品，推进产业集群化，逐步形成有国际竞争力的主导产业，以主导产业为基础，积极引入符合主导产业需要的外资企业，拓展产业链，丰富产品结构，逐步争取国际市场话语权；才能逐步走上内生增长和外向发展互补的开放型经济新路。

表6.2　我国各区域外贸依存度比较　（%）

年份	2000	2005	2010	2015	2016	2017	2018
全国	39.2	62.2	48.7	35.7	32.7	33.7	33.9
内蒙古	15.5	10.3	5.1	4.7	4.2	5.8	6.0
广西	8.2	10.4	12.5	18.9	17.2	21.1	20.2

续表

年份	2000	2005	2010	2015	2016	2017	2018
重庆	9.3	11.5	10.6	29.5	23.3	23.2	25.6
四川	5.3	8.8	12.9	10.6	9.9	12.5	14.6
贵州	5.5	5.8	4.6	7.2	3.2	4.1	3.4
云南	7.7	11.2	12.6	11.2	8.9	9.7	11.0
西藏	9.2	6.7	11.2	5.5	4.5	4.5	3.2
陕西	10.7	10.2	8.1	10.5	10.2	12.4	14.4
甘肃	4.8	11.1	12.2	7.3	6.2	4.4	4.8
青海	5.0	6.2	4.0	5.0	3.9	1.7	1.7
宁夏	13.8	13.1	7.9	8.0	6.8	9.9	6.7
新疆	13.7	25.0	21.3	13.1	12.1	12.8	10.9
西部地区合计	8.5	11	10.7	12.6	10.8	12.4	13.2
北京	165.7	149.3	144.7	86.4	72.7	78.3	89.7
天津	86.6	118.0	60.3	43.0	37.9	41.2	43.0
河北	8.5	13.0	14.0	10.8	9.6	9.9	9.9
山东	24.2	33.9	32.7	23.8	22.8	24.7	25.2
上海	99.5	166.7	145.5	111.4	101.7	105.3	104.1
江苏	44.0	102.0	76.1	48.5	43.4	46.6	47.3
浙江	38.2	65.5	61.9	50.4	0.1	49.5	50.7
广东	145.7	156.7	115.5	87.5	78.0	76.0	73.6
海南	20.6	23.3	28.4	23.5	18.4	15.7	17.6
福建	44.8	67.9	50.0	40.5	35.9	36.0	34.5
东部地区合计	67.8	95.2	76.0	54.7	44.0	51.2	51.8
山西	8.9	10.9	9.3	7.2	8.4	7.5	8.1
河南	3.7	6.0	5.2	12.4	11.6	11.7	11.5
湖北	6.2	11.4	11.0	9.6	8.0	8.8	8.9
湖南	5.6	7.5	6.2	6.3	5.5	7.2	8.4
江西	6.7	8.2	15.5	15.8	14.3	15.1	14.4
安徽	9.1	13.9	13.3	13.5	12.0	13.5	13.8

续表

年份	2000	2005	2010	2015	2016	2017	2018
中部地区合计	6.2	9.1	9.2	10.7	9.8	10.6	10.8
辽宁	33.7	41.9	29.6	20.8	25.7	28.8	29.9
吉林	11.7	14.8	13.2	8.4	8.2	8.4	9.0
黑龙江	7.6	14.2	16.7	8.7	7.1	8.1	10.7
东北地区合计	20.9	27.3	22.2	14.6	15.3	17.1	18.8

资料来源：各年《中国统计年鉴》。

（三）区域开放合作存在无序竞争

传统上，我国对外开放普遍存在“要项目，要政策”思想，新一轮对外开放进程中，各地实施举措主要集中在争取在本地区设立自贸区、保税区、国际港区，甚至使领馆，举办博览会、贸易洽谈会等方面，在争取外商投资、国家重大项目等方面争相出台土地、税收等各类优惠政策，忽视了产业发展需要以技术、人才等要素为基础，忽视了产业集聚需要围绕产业链布局进行一段较长时间的招商才能逐步形成，且一旦形成较长时间又难以转移的客观规律，导致一些外商投资企业利用国内地方政府间的竞争，在一个地方政府提供的各类优惠政策到期后转移到给予更多优惠政策的另一个地方。从整体上来看，这不仅造成了国内资源浪费，也难以形成有国际竞争力的产业集聚区，还可能造成新一轮的重复投资和产能过剩。

我国在各区域对外开放进程中，尚缺乏对全球各区域板块国家的政治、经济、安全及文化政策的统筹协调体系，比如各省份在对接“一带一路”建设中，沿线省、市、部门、机构及公司在开展经济外交或经济活动中表现为各自为政、相互竞争。以中欧班列为例，中欧班列是贯穿欧亚大陆的陆上快速通道，是“一带一路”的桥梁和纽带。2011—2016 年中欧班列开行数量分别为 17 列、42 列、80 列、308 列、

815 列、2191 列，6 年合计开行班列数量为 3453 列；2017 年，中欧班列开行 3673 列，同比增长 116%，超过过去 6 年的总和；2018 年中欧班列全国共开行 6300 列，同比增长 72%，其中返程班列 2690 列，同比增长 111%；2019 年中欧班列开行 8225 列，同比增长 29%。截至目前，货源范围已经从国内中西部地区辐射到全国乃至整个亚欧大陆，但因往返货源紧张，各地纷纷以补贴争抢货源，产生恶性竞争。事实上，中欧班列开行之初，各地政府通过财政补贴的方式，将运价压低到接近海运价格来支持企业从海运市场抢夺货源。我国提出“一带一路”倡议后，各地将中欧班列作为政绩，争相通过补贴和优惠政策来抢夺市场。中欧班列每标准箱运输成本约 6000 美元，有的班列为争抢货源只收取成本一半的运费。低价竞争造成了资源浪费与错配。财政部从 2018 年开始，要求地方政府降低中欧班列补贴标准：以全程运费为基准，2018 年补贴不超过运费的 50%，2019 年补贴不超过运费的 40%，2020 年补贴将不超过运费的 30%。同时，还需建立有效统筹体系，进一步扩展货源辐射范围，完善多式联运，加强各区域间货源协调，避免恶性竞争。

（四）区域开放合作机制相对欠缺

从国际层面看，WTO 等国际经贸多边合作机制面临前所未有的挑战，改革势在必行，亟待构建互利共赢、开放包容、公平合理的多边合作机制。传统的双边或多边经贸合作服务体系、保障机制以及纠纷协调解决机制、法律合作机制亟待加快完善和与时俱进地改革，贸易和投资便利化机制不健全、投资贸易法律体系不健全等现象需要各国共同推动解决。在“一带一路”框架下，我国已在涉及的国家间、区域间成功搭建了上海合作组织、“一带一路”国际合作高峰论坛、中阿论坛、中巴自由贸易区、中国—中东欧国家合作论坛、中欧全面战略伙伴关系等多个平台，但这种合作机制较为松散，亟待强化建设深层次的合作协调机制。目前在协调国际国内两个市场、两种资源，推动“走出去”与“引进来”并重，构建国内国际双循环新格局方面，我国依然缺乏统筹有力的顶层协调机制。

四、坚持开放合作构建国内国际双循环新格局

近些年，国际上的反全球化浪潮愈演愈烈，受新冠肺炎疫情影响，“脱钩论”更是甚嚣尘上，国际循环体系面临极大的不确定性。2020年5月，习近平总书记在参加全国政协经济界联组会时强调，“以开放、合作、共赢胸怀谋划发展，坚定不移推动经济全球化朝着开放、包容、普惠、平衡、共赢的方向发展，推动建设开放型世界经济。同时，要牢固树立安全发展理念，加快完善安全发展体制机制，补齐相关短板，维护产业链、供应链安全，积极做好防范化解重大风险工作”。由此可见，兼顾经济效率和经济安全，坚持对内对外开放合作，加快构建稳健的国内国际双循环体系，对于我国有效化解重大战略风险、保持经济长期健康稳定发展具有重要意义。

（一）夯实“一带一路”倡议，完善国际循环体系

2013年以来，我国提出的“一带一路”倡议得到了国际社会的广泛参与和支持。“一带一路”倡议把过去排除在国际循环体系之外的发展中国家纳入进来，通过搭建开放包容、共建共享平台，吸纳欧洲等发达国家的参与，开辟比南北向更具有包容性的东西向国际循环新体系，并且这个新体系本身是一个开放大平台，与原有的国际循环体系不存在排斥关系，是原有体系开放空间的有效拓展，是全球循环体系的有益补充。当前，沿线国家和地区在经济水平、消费能力、科技实力等方面后发优势强劲，并与我国经济具有良好的互补性，加强与这些国家和地区的合作，已成为我国参与国际循环的新渠道。同时，我国正在建设陆海新通道，实施新的西部发展战略，加快建设海南自由贸易港，21个省份正探索建设自贸区，已成功举办三届中国国际进口博览会，积极搭建国内参与国际循环的重要平台。从这个角度来看，我国存在国际国内两

个互补的循环体系，通过国际国内双循环体系，我国可强化与全球各国的联系，进而将中国的发展与整个世界的发展紧密联系起来，为全球经济发展注入新动力。

（二）全面深化改革，助力构建国内国际双循环

当前，全球疫情形势依然严峻，市场需求恢复尚需时日，保护主义、单边主义等对全球产业链供应链运行的干扰依然不断，疫情后世界经济深度衰退，国际贸易投资萎缩的趋势难以改观，且还将面临因疫情带来的国际金融市场动荡、国际交往受限等不利局面，中国发展的外部环境面临长期的严峻挑战，中国依然要坚持把自己的事情做好，更加需要依靠自身的力量谋发展。构建国内国际双循环是一项长期的战略，这其中，庞大的市场规模是加快形成新格局的基础和底气，全球各类企业都希望在中国大市场中获得发展机会；中国完整的产业链、供应链是形成新格局的重要支撑。但同时还需进一步推进营商环境的国际化、法治化、市场化，加强核心技术创新补齐短板，持续全面深化改革开放，才能构建起国际国内双循环新格局，才能推动中国制造走上世界之巅。

站在新的历史起点，中国开放的大门只会越开越大，坚持以开放促改革、促发展、促创新，持续推进更高水平的对外开放，以更高水平的对外开放倒逼国内改革全面深化。要加快完善市场经济制度，积极稳妥地推进市场化改革，完善市场监管体系，建设高标准市场体系。世界银行发布的《全球营商环境报告 2020》显示，中国营商环境在全球排名跃升至第 31 位，较上年提升 15 位。下一步要按照国际最高标准打造营商环境和采用国际最佳实践加大改革开放力度，加强体制机制创新，进一步完善机会平等、权利平等、规则平等的市场环境，为国企、民企和国际企业提供平等竞争的环境，打造稳定、公平、透明、可预期的营商环境。不断完善相关法律制度，保证各种所有制经济主体依法平等使用生产要素，公开公平公正参与市场竞争，同等受到法律保护。目前我国

在全球产业链和供应链中已经占据中心的位置，从产业配套服务、融资、生产性服务、开放性研发，到高素质劳动力和完善的基础设施体系供给等方面，为企业在全生命周期内开展的各项商业活动提供了完整的解决方案，围绕产业链形成了全球最为完整的供应链、服务链、价值链体系和强大的企业生态系统，这是吸引各类企业投资最强的黏合剂。要充分发挥现有完整产业链和产业生态优势，进一步完善宏观调控体系，尤其是构建与国际国内双循环相适应的国内宏观调控体系和提高国际宏观经济政策协调能力，维护国内产业安全和全球产业链、供应链稳定，提高现代化经济体系的治理能力。要积极推进科技研发和教育体制改革，加大研发投入，加强科技研发领域的国际合作，加大各类“卡脖子”领域的科技攻关力度，积极补齐生产和供应链的高端环节“短板”，不断提升各类产品的附加值，推进价值链水平不断提升。推动以5G、大数据、人工智能为核心的新兴基础设施建设，为构建国内国际双循环新格局提供基础性支撑。

（三）完善全国统筹协调的区域开放合作体系

（1）加强战略统筹与务实的政策支持。要坚持从全国一盘棋来统筹，根据我国各板块的区位优势、资源禀赋、战略定位，着眼未来，贯穿产业主线，进行区域产业和开放发展布局，以产业来串联区域开放。

东部沿海地区要继续在我国区域经济中发挥积极引领和驱动作用，率先向基本实现现代化的目标迈进。要继续贯彻全面对外开放的战略，以技术创新为导向，更为有效地利用国内外两个市场、两种资源，推进国家级科技创新中心建设，推动上海、北京、深圳等城市在关键领域的国际分工中逐步攀登技术高峰，创造新的比较优势，推动产业、贸易结构协调化高端化发展。应着力发挥好进博会、广交会、北京服贸会三大进出口博览会平台的支撑作用，以满足人民美好生活需要。将商品“引进来”的同时，要完善三大国际经贸会展功能，强化三大国际经贸展会分工互补，加快形成长三角、粤港澳、京津冀“三会鼎力”支撑双循环的平台格局。要发挥好该区域地处我国开放前沿阵地、开放基础好等优势，积极试点制度型开放，坚持“引进来”和“走出去”并重，要有针对性地实现“走出去”产品和服务回流，提高“走出去”的控制力，实现两个循环更为紧密的链接、发挥更好的作用，为构建国内国际双循环方面积累更为有效的经验。

中部及内陆地区经济开放度远低于沿海地区，主要偏重于传统的制造业，要在推动传统产业升级的同时，加大与东部地区产业对接，坚持以现有产业为基础，引导国内、国际相关企业向有产业基础和资源禀赋的区域集聚，不断补链强链，做大做强主导产业，推动中部及内陆地区积极参与国际分工，提高产业的国际竞争力。进一步完善综合路网建设，推进基础设施互联互通，推动中部及内陆地区借助长江经济带和“一带一路”等陆海新通道建设，联通全球。支持航空航线开放，增加公路、铁路口岸设置数量，提高产品和企业“走出去”的便利性。支持中部及内陆地区重点城市承接国际大型会议、大型赛事。进一步推动这类地区建设与国际对标的营商环境，改善投资及创新环境，建设全球制造业基础研究资源配置中心。要加快畅通长江水道，降低中部地区制造业发展的物流成本；简化通关手续，改革长江水道 12 个海关各自为政的局面，减少审批，降低通关成本，提高效率。

西北和东北地区中，新疆、内蒙古、黑龙江等边境地区的开放条件已基本具备，但对外贸易额占全国比重依然很低，边境口岸的进出口贸易更多表现为“过路经济”，创造的经济效益有限。要继续发挥东部地区的对口支援作用，发展“飞地经济”，优化“飞地港”布局，积极推进这类地区的工业化、信息化进程。支持这类地区发挥区位优势，综合文化优势，向西向北开放，发展好边境贸易，建设有区域特点且对外开放生活服务类商贸中心和人文交流中心，支持与周边国家发展木材、畜产品、粮食等具有资源禀赋优势的加工业，推进与周边国家的经贸合作，积极参与东北亚区域经济合作。推进宁夏、青海、甘肃等西北内陆地区以及东北地区基础设施互联互通、公共服务共建共享，不断完善河西走廊，建设这类地区通达中亚、欧洲的大通道。支持西北、东北地区积极改善营商环境，推动高新技术开发区、综保区和保税物流中心升级改造，提升开放和服务水平，积极吸引和承接国际资本和国际国内产业转移。

西南地区开放区位条件明显好于内陆地区，重庆、四川等西南内陆省份经济开放度不断提升，产业基础比较好。要加快西南及沿边地区基础设施互联互通，积极推进西部陆海新通道贯通粤港澳大湾区、海南自贸港，加强该地区与长江经济带、粤港澳大湾区等发达区域的联通对接。推动沿边地区积极参与大湄公河次区域、中国—中南半岛、孟中印缅等经济走廊建设，完善面向东盟区域的国际通道。进一步完善沿边对外开放政策，加大向东开放力度，提高重庆、四川、贵州等省份的口岸数量，提升口岸等级，探索有区域特点的服务业对外开放政策，推动西南地区成长为吸引国内外生产要素资源，带动周边地区经济增长的开放阵地。

（2）二是引导探索以利益为纽带的区域开放合作机制。进一步贯彻落实区域协调发展战略，坚持问题导向，疏通区域开放合作中堵点，积极改善各行政区在经济发展、要素流动、生态环境保护等领域各自为政的状态，摒除各种隐性障碍和无形壁垒，加强制度创新，探索以利益为纽带的区域合作机制。创造性地开展对口支援和协作，完善和创新“飞地经济”合作模式，推动合作双方形成互惠互利长期合作机制。在此基础上，建立基于经济社会发展整体统筹、全方位联动与深层次融合的合作新形态。各省份要加强与国家重大战略对接，根据区位优势、产业基础、发展趋势等，做好本行政区内重点产业布局与规划，围绕重点产业、主导产业做好产业链招商引资工作，拓展产业链、供应链，有计划、有目的地承接产业转移，在招商引资和承接产业转移进程中，要着力避免相互“挖墙脚”，造成资源浪费与无序配置。

加强对中心大城市的培育，推动以城市群为单元的区域开放合作，制定城市群发展目标，要发挥强大的中心城市在促进区域开放合作、协调发展中的“主心骨”作用，为实现经济社会发展、生态环境保护、开放等区域共同目标，“主心骨”中心城市要主动在某些方面做出让步与牺牲，推动形成有活力、有合力、有包容的区域一体化。重点流域、重点区域、战略性产业布局等要建立有中央层面参与协调的省际合作机制，平衡各方利益，探索功能定位清晰、互利共赢、协调发展的跨省区域合作模式。推动全国范围内的检验检疫、认证认可、信息互换、监管互认等海关合作，完善内陆口岸设置，优化口岸布局，改善边境口岸通关设施条件，加快边境口岸“单一窗口”建设，降低通关成本，提升通关能力。加强联动机制建设。推进各级政府相关部门的联动，形成横纵向的高层次的协调沟通机制；推进与各重要经济板块和战略功能区域的联动，形成相互支撑、有效借鉴和一体发展的推进机制；推进与社会各方面的联动，形成政府、企业、社会有机结合，同向发力的立体性促进机制①。

执笔人：李娣

① 范恒山．新时期对内开放合作的基本特点和主要任务[Z]．长三角与长江经济带发展研究院微信公众号，2020－06－14．

第七章

优化区域经济空间布局的总体思路

优化区域经济空间布局是“十四五”现代化建设和高质量发展的内在要求，也是落实区域协调发展战略的重大举措。在我国经济由高速增长阶段转向高质量发展阶段的新时期，区域作为承载发展要素的主要空间形式，需以经济基础、地缘条件、资源禀赋为基础，满足高质量发展要求。

一、优化区域经济空间布局的基本原则

坚定不移地贯彻创新、协调、绿色、开放、共享的新发展理念，是我国经济社会发展的指导思想。科学合理的区域经济布局需坚持和体现新发展理念。

（一）创新驱动，提升区域产业链现代化水平

区域经济空间布局要坚持以实现创新要素的高效集聚为重要原则，通过形成区域创新共同体和差异化分工的国家创新链，推动科技创新与产业发展深度融合，提升国家产业链现代化水平。2009 年中央经济工作会议提出，要健全体制机制，打造一批有国际竞争力的先进制造业集群，提升产业基础能力和产业链现代化水平。2020 年新冠肺炎疫情和国际形势的变化，使得稳定产业链、供应链面临巨大挑战，为有效应对风险，中央提出逐步形成以国内大循环为主体、国内国际双循环相互促进的新发展格局，为我国经济平稳运行和高质量发展明确了方向。

（1）坚持形成区域间差异化分工的创新链条。从研发强度看，东、

中、西部地区差异非常大，而且创新资源向东部地区集聚的趋势还在不断加强，这是当前的现实情况，中西部地区特别是西部地区的创新能力建设仍是一条很长的路，目前各区域在创新链条上的分工虽然是不同的，但各自都可以发挥相应的作用。对于东部地区而言，加强基础研究和原始性科技创新、抢占前沿科技制高点，决定着国家自主创新能力和国际竞争能力的提升。京津冀、粤港澳、长三角是我国区域经济发展的第一梯队，是支撑我国高质量发展最重要的动力源，这些地区要对标全球最高水平区域，努力成为全球最优质要素资源、最高端产业的集聚地，打造世界级创新平台和增长极。中部地区近年来研发强度持续增强，可致力于研发成果产业化，打造科技成果的转化基地。西部地区研发基础比较薄弱，需要在提高创新能力建设上花大力气。推进科技创新区域协调发展的基本思路，即按照科技资源特点分类提升具有本地特色的科技创新能力，而不是不顾科技创新能力集聚的客观规律，盲目追求科技创新能力的均等化和同质化。

（2）坚持提高欠发达地区创新能力。提升创新能力是真正帮助欠发达地区实现造血功能、实现区域协调发展目标的关键。但欠发达地区由于对创新资源的吸引力有限，且研发基础较差，必须要集中本区域优质创新资源，优先在中心城市建设各类创新中心，同时加强东部地区创新成果在欠发达地区的创新中心进行成果转化和产业化。国家应加强对这些创新中心的政策倾斜，通过重大产业项目和创新平台的统筹布局，吸引更多人才流向欠发达地区，制定有针对性的人才政策。通过创新中心培育欠发达地区中心城市的创新能力，辐射带动周边城市提升创新水平。同时，可以在中西部开展创新驱动改革试点，形成一批具有创新示范和带动作用的中心城市创新中心。

（二）协调互补，增强区域经济发展韧性

基于新时代新要求，优化调整四大板块各自发展战略方向和重点，坚持不同板块采取不同的发展策略，通过挖掘和发挥各板块的比较优

势，寻求发展新动能。形成分工合理、协调互补的区域发展格局，增强粮食、生态、国防安全保障，形成发展相对均衡、有序的局面，增强区域发展韧性。

（1）东部地区发挥“龙头”创新引领作用，成为率先实现高质量发展新高地。发挥东部地区的创新带动作用，重点加强原始性科技创新，抢占前沿科技制高点，真正提升“卡脖子”的关键核心技术自主化水平，推动核心产业融入国际产业链、价值链中高端，成为国家竞争力的重要保障，引领全国创新发展，加强与中西部地区创新合作，形成差异化分工的国家创新链，逐步建设成为全国乃至世界科技创新的引领区，成为稳固我国经济发展大局、率先实现高质量发展的高地。

（2）中部地区发挥制造业优势，形成实体经济发展新高地。中部地区是下一个经济周期最具增长潜力的区域，具备相对坚实的制造业基础，要继续实施好中部崛起战略，进一步提升中部崛起战略定位。以国家制造业水平的整体提升为目标，推动东部地区制造业与中部地区互动发展，高效配置不同比较优势区域的发展空间资源。出台财税、金融、产业等方面的突破性重大政策组合，夯实中部地区的国家制造业中心地位，重点培育特色优势产业集群，形成具有竞争优势的制造业产业体系；形成以制造业为中心的实体经济发展新高地。

（3）西部地区融入“一带一路”合作发展，形成向西开放的前沿高地。西部地区是推进“一带一路”建设的核心区域和关键节点，在“一带一路”向西推进的过程中，西部地区作为重要的交通、物流枢纽，商贸集聚和交易中心，将成为未来中国全面开放和经济发展重要的支撑区域。应发挥西部陆海新通道连接“一带一路”、衔接长江经济带的功能作用，建设铁海联运，实现铁路和港口无缝对接，全面提升西部对外开放层级。在中西部地区建设一批特殊经济区、国家承接产业转移示范区、沿边重点开发开放试验区、自主创新试验区、重点边境口岸，打造向西开放的桥头堡。同时，西部地区承担着重要的生态服务功能，应发挥比较优势，发展特色产业，探索生态价值实现机制及“绿水青山”转化为“金山银山”的有效路径。

（4）东北地区推进产业多元化发展，打造对外开放新前沿和新的增长点。东北振兴要针对体制性和结构性矛盾加大改革力度。通过产业多样化，培育产业集群，解决产业结构单一问题，提升内生增长动力，提升经济整体竞争力，重新确立综合制造业基地地位。发挥东北地区面向东北亚开放合作的区位优势，在东北地区谋划新的开放战略，基于中日韩自贸区谈判的进程，探索在东北地区建设自由贸易港，带动整个东北地区开放发展。加强东三省、内蒙古与山东的合作，共同打造我国面向东北亚的全面开放平台。

（三）绿色共赢，提高区域可持续发展能力

良好的区域生态环境是高质量发展的重要检验标准，优化区域空间布局要以提高区域可持续发展能力为重要原则之一，处理好“发展好”和“保护好”的关系；坚持主体功能区战略，实现区域生态环境联防联控、共治共享，保持高水平的可持续发展能力；坚持高水平推进以流域为牵引的“带状”区域经济布局，形成上中下游共享流域资源、共护流域生态的高质量发展经济带。

（1）坚持将“发展好”和“保护好”有机结合起来。2019 年中央经济工作会议提出，要确保经济实现量的合理增长和质的稳步提升，其中一项重点任务就是着力推动高质量发展，要求加快落实区域发展战略，完善区域政策和空间布局，发挥各地比较优势，构建全国高质量发展的新动力源。未来一个时期，尤其是“十四五”期间，四大板块总体发展战略会更加突出公平性，而京津冀协同发展、长三角一体化建设和粤港澳大湾区建设等三大重大区域发展战略则会更加注重培育形成发展动力，长江和黄河两大流域更加强调生态保护，为全国可持续发展提供保障。如何处理“发展好”和“保护好”的关系，将是未来区域协调的一条重要主线。

（2）坚持主体功能区战略，加强区域间分工与合作。不同的主体功能区从事经济开发活动的范围和程度受到的约束不同，需根据功能定位进行产业布局和产业调整，区域内不同主体功能区之间发展息息相关，须加强区域间合作，最终实现整体区域的均衡可持续发展。坚持保护落后区域发展权利。我国重要的生态功能区，特别是限制和禁止开发区，与欠发达、贫困地区高度重叠，这些地区生态脆弱，环境承载能力差，不适宜经济开发活动。近年来，国家在区域协调发展目标上提出的基本公共服务均等化，目的正是保护落后区域发展权，逐步缩小区域间收入差距和公共服务水平的差异，保证不同主体功能区的人民获得大体均等的就业、住房和教育机会，享有大体相当的生活水平。

（3）坚持推进流域带状区域战略，形成“带状”区域经济布局。近年来，流域在我国区域协调发展中的地位日益重要。流域经济带发展战略促使我国经济从主要依靠长三角、珠三角和京津冀等东部引擎带动，向轴带引领、多极支撑的格局转变，区域经济发展多增长极的出现，逐步带动和辐射周边地区发展。从长江经济带到黄河流域生态保护和高质量发展，这两大战略的共同特征是基于我国最重要的两大流域的带状经济区，经济带横跨东中西三大板块，由相对发达的区域与相对不发达的区域结合构成的，而且共享流域资源，发展关联性强，面临发展权与保护责任的矛盾。这两大经济带是培育搭建区域发展梯队、强化先发地区带动后发地区发展、促进不同梯度区域协调联动发展的重要考量和战略布局。经济带的形成在一定程度上可以优化相对落后区域的生产力布局，推动较大范围区域协同发展。流域是我国主体功能区战略落实的重要载体，流域上、中、下游共享流域水资源，但生态承载能力却差别极大，上游地区为水源地，承担着重要的生态功能；而中游地区往往是粮食主产区，承担着粮食安全的重要功能；下游地区生态承载能力较强，往往经济发达。实现产业布局与主体功能相匹配，才能更加有效落实主体功能区战略。

（四）开放竞合，激活区域发展活力

各区域应发挥不同的开放优势，高标准对接国际贸易投资规则，打造多个高水平对外开放平台，形成开放合作新局面和新优势。坚持国际开放和国内区域之间的开放同步推进，要素流动市场化、便利化，推动建立统一市场，激活区域经济活力。

（1）坚持“一带一路”开放战略，拓展区域开放格局。强化国内发展轴带和“一带一路”建设衔接，推动国内发展和对外开放深度融合，以“六大国际经济走廊”互联互通为突破口，拓展国际经济技术合作新空间。统筹中欧班列、境外经贸区、国际产能合作等布局安排，促进形成重点区域内外开放的良性互动。依托边境经济合作区、跨境经济合作区和境外经济合作区等开放性平台，打造陆地边境地区对外开放新高地。

（2）坚持以开放合作开拓经济发展空间。把扩大对外开放作为促进内陆地区发展的有力抓手，推动增强内外部联通性的大通道建设，重塑我国经济地理格局。通过与世界互联互通，提高内陆地区发展动力。经济地理区位是区域经济格局的决定性因素，要通过软硬件基础设施建设，从根本上改变内陆地区外部联系、对外开放的条件。“一带一路”正在推动形成“东西双向、海陆联动”的开放格局。要集中更多政策资源和优质要素资源，引导支持中西部欠发达地区融入全球价值链分工体系，以全面开放加快这些区域的发展，在对外开放中实现区域发展。借助构建全方位开放格局的重要机遇，内陆地区要把握不断扩大区域开放发展的有利形势，开拓经济发展空间。

（3）坚持扩大沿边开放和向西开放。中西部地区需进一步扩大沿边开放和向西开放，提升对外开放层次和空间，实现内外联动，构建东西联动、全方位的新型开放格局。重点是要深化澜沧江—湄公河国际次区域合作，把长江经济带与中国—中南半岛经济走廊连接起来，深化成渝地区双城经济圈与云南、贵州的区域合作，把云南建成向南开放的桥

头堡。深化我国与中亚地区的合作，发挥丝绸之路经济带的纽带作用，加强中哈、中俄、中蒙合作，把新疆建成向西开放的重要基地。

（4）坚持构建以开放促开发的特殊区域发展机制。通过建设一批特殊经济区、国家承接产业转移示范区、沿边重点开发开放试验区、重点边境口岸，打造向西开放的桥头堡和内陆型开放经济高地，开拓经济发展空间。全力推进这些特殊区域进行改革创新，优化开放环境，推进开放模式创新，广泛集聚国内外先进生产要素，促进产业集聚，提高产业集中度，利用区位、政策优势，先试先行，充分发挥示范与带动效应。

（五）共享融合，实现区域共同富裕

区域基础设施实现共商共建共享，可以形成区域发展成果的共享机制，保障和改善区域内发展的公平，使得发展成果惠及更多人群，破解发展不平衡不充分的难题。

（1）坚持将基本公共服务均等化作为首要任务。区域发展坚持共享融合的目标是“人”不是“物”，不是简单地缩小地区之间的经济总量差距，而是缩小不同地区之间的人均收入、生活水平和公共服务差距。促进经济欠发达地区的农村居民向城市和发达地区转移，促进产业向欠发达地区转移。通过产业和人口的有序流动，实现经济总量、人口与资源环境承载能力相适应，以地区间基本公共服务的均等化作为现阶段区域协调发展的首要目标，让后发地区人民能够公平分享改革发展成果，体现以人为核心的发展理念。

（2）坚持将增强区域发展能力作为重要手段。区域间基本公共服务均等化目标的实现，需要区域政策调控机制，调整区域利益关系等相关政策的保障，但不能仅通过财政转移支付等手段实现基本公共服务数据的简单平衡，应有针对性地解决欠发达地区吸引优势要素能力不足的问题，不增强这些区域的发展能力，就难以从根本上实现基本公共服务的均等化。

二、优化区域经济空间布局的总体思路

（一）尊重经济规律，发挥比较优势

“十四五”规划建议提出“立足资源环境承载能力，发挥各地比较优势，逐步形成城市化地区、农产品主产区、生态功能区三大空间格局，优化重大基础设施、重大生产力和公共资源布局”。坚持和完善主体功能区战略和“六宜”原则，在主要承担经济功能的区域，重点培育高质量动力系统，而承担农业功能、生态功能、国防功能的区域，与承担经济功能的区域只是比较优势不同，应用好各自的资源禀赋，坚持合理分工与有效合作。同时，需关注新的开放和改革形势下区域比较优势的变化，挖掘新的发展潜力。

（1）将城市群和都市圈作为要素集聚核心平台。随着新型城镇化的加快推进，我国区域发展中的人口和经济要素越来越多地聚集到城市群。《国家新型城镇化规划（2014—2020）》明确了城市群为推进新型城镇化的主体形态，并规划了 19 个城市群。从目前情况看，发展比较成熟的京津冀、长三角、粤港澳大湾区等 3 个城市群集聚了全国 38. 6% 的城市常住人口，创造了 46% 左右的 GDP，而且还处于人口持续流入以及 GDP 占比持续提高的态势（2019 年 12 月召开的中央经济工作会议提出了打造三大世界级创新平台和增长极）。以中心大城市为核心、以“1 小时通勤圈为范围”的都市圈，正成为城市群内一个重要的形态。中心城市带动都市圈、都市圈带动城市群、城市群带动区域发展的态势正在形成。城市群实力的增强，使得城市群所在地区发展成为区域经济的支点，这些区域创新产业形式、延伸产业链条、促进产业转移，通过融入更大区域、在更大区域内整合资源而实现快速发展。城市群的意义在于分工与合作，变单个城市的竞争力为城市群整体的竞争力，城市群内部需形成更加专业化的分工，整合优势要素资源，形成合

力，共同实现城市群整体的高质量发展。

（2）针对不同功能区制定差异化政策。深化、细化区域政策，更有力地支持区域协调发展。当前主体功能区的分类管理政策虽然对我国区域产业布局有重要的指导作用，但总体来看主体功能区的配套和细化政策还未形成，各类区域的产业进入门槛、城市和人口规模、生态红线和环境容量等规定比较模糊，且各类政策呈“碎片化”，未形成统一的规范。比如，主体功能区战略是由地方政府负责落实的，对优化开发区域和重点开发区域，产业布局并没有明确的差别，特别是优化开发区域往往经济基础好，对优势生产要素的吸引力大，但环境容量已经无法支撑更多的产业和人口的集聚，在这种情况下，应该进一步明确优化开发区域的产业、人口和生态环境等标准，推动部分产业向重点开发地区转移，实现产业布局与主体功能的匹配。

（3）建立有效的财政转移支付制度。地区主体功能定位不同必然导致经济发展水平和财政收入的差距，通过财政转移支付，保障区域基本公共服务均等，是区域协调发展的重要思路。完善现行转移支付制度。一是继续调整和完善财政转移支付结构，通过法律等手段规范完善财政转移支付资金、项目资金安排。加大一般性转移支付，特别是均衡性转移支付的比例，同时规范专项转移支付的使用，提高资金使用的规范性、安全性、有效性。二是对重点生态功能区、农产品主产区、困难地区的转移支付要形成有效的机制，确定合理的水平。三是探索建立地区间横向转移支付制度，更加公平地体现不同功能区产生的价值，更有效地推动实现基本公共服务均等。对于建立较为完备的财政转移支付体系，还需要通过推动试点试验，发挥地方的创新精神和积极性，探索更加科学合理的多元化体系，形成中央政府与地方政府、各级地方政府之间的权责利较清晰的体系。

（4）建立生态补偿制度。生态补偿是调整区域利益失衡、保障生态脆弱地区发展权的重要手段。经过多年实践，我国主体功能区规划得到了较好落实，形成了以生态补偿为主导的实施机制，推动了绿色发展和区域均衡目标的实现，重点生态保护区域的生态环境价值逐步得到体现，并改变了唯 GDP 论的评价体系，形成了科学、综合的评价体系。目前，应更好地发挥生态补偿机制的作用，落实主体功能区规划。一是构建多元化补偿机制。长期来看，我国主体功能区规划要得到更好的落实，离不开市场机制的作用，只有社会资金和市场主体能主动参与和投入生态环境建设，才能摆脱目前政府资金内循环的状况，形成自然资源资产交易市场，在市场中使得自然资源价值得到一定程度的实现。二是建立自然资源价值核算机制。自然资源价值的核算是生态补偿制度有效性的重要保障，无论是政府主导生态补偿还是市场化补偿机制，其前提都是自然资源的可资产化。各地实践也为编制自然资源资产负债表、领导干部离任审计工作提供了可借鉴的成功经验，使生态补偿机制有“数”可依。未来应支持更多地区根据自身生态系统的特色寻求符合各自实际的自然资源价值核算方式，并与生态补偿机制有效结合，推动生态系统的价值实现，探索从“绿水青山”到“金山银山”的多元化实现路径。

（二）坚持区域分工，优化产业链布局

推进产业基础高级化、产业链现代化，是提高经济质量效益和核心竞争力的内在要求。当前，我国区域产业关联度不高，区域合理分工、优势互补的产业格局尚未充分形成，产业创新力和全球竞争力有待提升，飞地经济、共建园区在经济指标统计、农用地占补平衡以及税收分成等利益关系方面尚缺乏一套行之有效的制度性安排，跨区域利益共享机制有待探索，公共性、基础性、通用性的跨区域产业项目尚缺乏有效的投融资机制保障，建设运营机制有待创新完善。区域间产业分工与合作应基于“十四五”规划建议提出的“促进产业在国内有序转移，优化区域产业链布局”这一要求。

（1）以产业合作带动区域一体化。产业发展是经济社会发展最重

要的支撑，如果区域间或区域内能实现产业的合理布局和一体化发展，自然会形成对基础设施、社会保障、市场体系一体化的带动，最终实现区域一体化。从发达国家的实践看，区域是产业集群的理想载体。长期以来，我国的产业布局受制于行政区划的约束，区域内、区域间产业布局都缺乏统筹规划，各自为政、自成体系，产业同质化和无序竞争日益严重。各地单独布局，往往导致设定的发展目标与国家对该产业的总体发展规划目标相去甚远，也是产业规划无法成为产业发展有效支撑的重要原因。因此，在区域范围内，根据各地产业基础，优化产业布局，构建科学合理的分工体系，实现良性互动，是区域协调发展的根本保障，而推动区域协调发展也是突破行政边界、实现产业优化布局的机会。

（2）以产业规划推动产业协同。当前，无论是区域之间还是区域内部，产业趋同现象都很明显，特别是区域内部由于资源禀赋和区位条件相近，对于有发展前景的产业，各地不顾产业基础等比较优势，一拥而上，抢占市场的现象还普遍存在。以长三角为例，上海、江苏和浙江在战略性新兴产业上的布局重合度很高，需从区域一体化视角开展产业规划，优化产业布局，以避免重复建设和无序竞争，提高区域竞争力。在目前地区间行政分隔的情况下，要统筹区域产业布局，实现产业协同，不仅要发挥市场机制的作用，也需要更好发挥政府的规划引领作用。应从国家层面或区域层面制定具有法律效力的中长期产业发展规划，根据地区比较优势和区域发展定位，发挥规划引领作用，从根本上解决低水平无序竞争、重复建设等问题。通过规划形成区域的核心区、辐射区和支撑区，形成大中小城市间功能互补、产业集聚的一体化发展格局。

（3）优化区域产业链布局。建立城市群的目的是要变中心城市的虹吸效应为扩散效应，带动周边城市发展，提升整体竞争力。首先，城市群内部的中心城市与中小城市的规模对比要合理，只有中心城市有吸引力、承载力和集聚力，才有能力辐射带动周边中小城市，使得大中小城市能各自发挥好作用。但如果中心城市过大而周边城市规模很小的话，这就意味着中小城市承载能力不足，也会影响城市群发展。对处于不同发展阶段、不同战略地位的城市群，应加强分类引导，提升经济功能，不断优化城市群空间结构，以城市群为单元，形成大中小城市协调发展的城镇发展格局。其次，要在城市群内部形成产业集群，使各类型城市有合理的定位和分工，实现优势互补，最终形成强大的产业竞争力和抵抗风险能力。城市群中的中心城市和大城市有能力吸引优质生产要素向其集中，不断产生创新成果，形成主导产业，而这些创新成果的应用和生产制造，以及主导产业的大量配套的零部件企业、生产性服务业等均在周边的中小城市内布局，这就在市场机制的作用下形成了合理分工，使整个城市群内所有城市共享产业集群带来的红利。这种以产业集群为基础形成的大中小城市合理分工的城市群，是未来我国经济发展重要的动力源和增长极。

（三）立足都市圈城市群，提高综合承载能力

将中心城市和都市圈和城市群作为最具潜力的区域经济增长极来培育。城市群是实现区域经济“量的合理增长和质的稳步提升”的创新平台和增长极，中心城市和都市圈在其中发挥辐射带动、引领示范、组织协调功能。应立足都市圈和城市群，提高我国区域经济的综合承载能力。

（1）优化都市圈内交通、产业和公共服务的合理布局。加大对都市圈、城市群内部交通设施和公共服务设施的投资，既可以有效稳定经济增长，又可以提高都市圈、城市群内的生产力，引导人口的合理布局，构建中心城市带动都市圈、都市圈带动城市群、城市群带动区域发展的良性机制。一是需要加快建设“一小时”轨道交通。将发展市郊铁路作为实现都市圈内 1 小时通勤的重要抓手，推动建设现代化都市圈。将城郊和城际轨道交通作为下一步交通基础设施投资的重点。我国超大特大城市的市域（市郊）铁路里程数与国外大都市圈的里程数差

距很大。伦敦市郊铁路长度为3600公里，东京为2000公里左右，北京仅为200公里左右，其他超大城市与周边城市的市域铁路的规划建设也刚起步。二是从区域产业链供应链角度优化布局中心城市和周边城市的产业。都市圈内的小城市或小城镇的主要功能是为中心城市的科技创新提供产业支撑，包括创新成果的应用、生产制造和生产性服务业等，逐步形成各具特色的产业集群。三是将优质医疗教育等公共服务资源合理布局，尽快实现产城融合、职住平衡。在都市圈内推动建设公共资源配置与常住人口规模挂钩机制，改变原由公共服务按行政等级配置的状况。在都市圈内形成优质公共服务资源共享机制，优化都市圈内教育和医疗资源布局。可率先在都市圈开展分级诊疗制度试点。

（2）打造新型区域生产综合体。此次新冠肺炎疫情暴露出面对危机时一个城市甚至一个城市群“养活”不了自己的情况是存在的，这与经济高速增长时期，过度强调城市生产功能而轻视城市生活生态功能有一定的关系。可以考虑在城市群构建新型区域生产综合体模式。一是在产业布局、产业结构等方面，在更好发挥市场决定性作用的同时，发挥政府的作用，既要强调发挥区域比较优势推动产业的专业化，又要考虑区域的粮食、生态、应急等多重目标，实现产业的多元化，在产业市场化盈利和服务区域急难险重任务的公益性之间实现平衡。二是更加重视区域内的轻重产业比例、服务本地和出口企业比例等的平衡。三是提高企业在急时储备应急物资和生产产品的能力，更好实现“平时民用、急时急用，平时急用转民用、急时民用转急用”的良性机制。

（3）培育区域性中心城市和城市群。与东部地区已经形成的中心城市带动城市群、城市群带动区域发展的机制相比，西部地区城市的体量较小，现阶段培育和支持后发地区中心城市和城市群发展，是拉动中西部地区发展的关键手段。另外，需支持区域性中心城市提升创新能力。提升创新能力是真正帮助欠发达地区实现造血功能、实现区域协调发展目标的关键。但欠发达地区由于对创新资源的吸引力有限，且研发基础较差，必须要集中本区域优质创新资源，优先在区域性中心城市建设各类创新中心，加强东部地区创新成果在欠发达地区的创新中心进行成果转化和产业化。国家应加强对这些创新中心的政策倾斜，通过重大产业项目和创新平台的统筹布局，吸引更多人才流向欠发达地区，制定有针对性的人才政策。通过创新中心培育欠发达地区中心城市的创新能力，使其辐射带动周边城市提升创新水平。

（四）发挥市场决定性作用，促进要素自由流动

坚持发挥市场在资源配置中的决定性作用，通过深化改革，打破影响区域间要素自由流动的壁垒，全面提高资源配置效率。推进土地、劳动力、资本、技术、数据等要素市场化改革。健全要素市场运行机制，完善要素交易规则和服务体系。加快清理废除妨碍统一市场和公平竞争的各种规定和做法，营造规则统一开放、标准互认、要素自由流动的市场环境，提高要素配置效率，进一步激发全社会的创造力和市场活力。

（1）尽快实现人口充分流动。人口自由流动对于区域协调发展目标的实现至关重要，也是建立统一市场的挑战之一。从发达国家的经验来看，在自由流动机制下，人口会向着那些适宜集聚的地区流动，只有经济集聚的地方人口才会集聚，人口和经济集聚是均衡的，而那些人口承载能力有限的贫困区的未来人口是要减少的。只有人口可以自由流动，要素才能按照区域比较优势进行配置。

（2）构建统一的技术市场。支持联合建设科技资源共享服务平台，鼓励共建科技研发和转化基地。探索建立企业需求联合发布机制和财政支持科技成果共享机制。清理城市间因技术标准不统一形成的各种障碍。建立都市圈技术交易市场联盟，构建多层次知识产权交易市场体系。鼓励发展跨地区知识产权交易中介服务，支持金融机构开展知识产权质押融资、科技型中小企业履约保证保险等业务。加强跨区域创新战略联动、创新规划协同，统筹创新资源配置；形成区域创新生态体系，充分发挥不同区域内创新平台的作用，形成从科学研究、技术研发到产

业转化等梯次衔接的共建共享机制，建立与之相配套的利益分配机制。聚焦关键核心技术，实现合力攻关，在区域内建立长期、稳定的联合研究和攻关形式，尽早解决“卡脖子”的核心技术难题。

（3）增强土地管理制度弹性。建设用地资源是优势地区最稀缺的资源。为了使优势地区有更大的发展空间，在土地资源集约节约利用原则下，应适当增强土地管理制度的弹性，包括建设用地节余指标可以跨省域调剂，或建设用地供应指标使用更多由省级政府统筹，这都有助于形成全国统一的建设用地市场，有利于实现土地的市场价值，从而释放出土地的巨大潜力。完善建设用地指标供应：一是要建立全国统一的建设用地调节市场，形成市场发现价格机制，也有利于需要建设用地指标的地区以较低的价格获得建设用地指标。二是要建立以粮食平均亩产为标准当量的土地交易单位。高于平均亩产的土地市场折价高，低于平均亩产的土地市场折价低，可以避免土地占优补劣，有利于保证耕地和粮食安全。同时，建立土地质量评价监督的第三方机构。三是要支持优势地区优先开展基本农田规划调整试点和耕地占补平衡指标跨省市交易试点。四是要对部分跨区域重点项目在土地指标分配上予以统筹。

（4）优化能源消费总量控制目标。我国持续实施能源消费总量和强度双控制度，但从“十三五”情况看，许多省份能源消费总量已经触及“天花板”，难以完成总量控制目标。“十四五”时期要坚持对能源消费强度的执行力度，但要对总量指标分配进行优化调整。可考虑对经济发展较快地区在能耗强度达标的基础上，对于总量目标给予弹性空间。同时，经济发达地区要加快推进产业转型升级，对于传统高耗能产业应适当转移，保持战略定力，坚定地走创新驱动道路，实现产业转型升级，抢占全球产业链高端。

（5）统一市场准入标准。协调统一的规则标准是促进区域间要素自由流动、推动区域统一大市场建设的重要支撑。在信用、金融、信息、产品质量、公共服务、食品安全等领域均需要加强法律法规和标准规范的协同。全面实施全国统一的市场准入负面清单制度，消除歧视性、隐蔽性的区域市场准入限制，建立市场准入负面清单动态调整机制和信息公开机制。建立都市圈市场监管协调机制，统一监管标准，推动执法协作及信息共享。加快完善都市圈信用体系，实施守信联合激励和失信联合惩戒。

（五）更好发挥政府作用，优化公共政策设计

落实区域发展战略，实现区域协调发展目标，需要政府推动相应改革，提供相关政策保障，通过优化公共政策设计，实现区域发展利益均衡。

（1）制定基于更小区域划分尺度的区域政策。京津冀、粤港澳、长江经济带、长三角等战略的提出，正在逐步放小区域划分尺度，这些战略针对某一区域发展过程中的特定问题，制定更加精准、更有针对性的区域政策，对于提高政策有效性是很有必要的。未来在实施这些重大区域战略的基础上，还需针对特定功能区或问题区域出台相关政策，比如针对粮食主产区、生态涵养区、资源枯竭区、老工业基地等，统筹解决区域协调发展过程中的问题，挖掘这些区域特殊的比较优势，探索区域发展的不同路径。另外，我国区域间差异极大决定了不可能实施“一刀切”的区域政策，需要根据区域实际构建差别化的区域政策体系，而且近年来，虽然区域发展差距有所缩小，但随着新技术新经济的发展，先发地区对优质要素的吸引力更强，只有依靠国家出台具有差异化的，包括财税、产业、土地、环保、人才等在内的区域政策，才能改变不同地区集聚要素的条件，推动后发地区获得发展机会，缩小区域差距。

（2）加强用法治化手段规范区域制度。我国已经形成东西互动、南北联通的区域空间格局，也出台了许多区域发展政策，但由于区域政策缺乏强制性，在区域合作过程中很多阻碍区域市场一体化的问题始终得不到解决，随着我国区域空间格局的构建，强化区域政策的法律效

力，将通过法治化确保区域政策的贯彻落实和取得成效。

（3）形成区域间行政协作、协同的体制机制。探索建立跨行政区域重大发展战略、重大生产力布局、重大政策联动的党政主要领导会商制度；建立区域协同发展中重要政策协调、重大项目建设协调、具体产业分工布局建设中协调落实机制；探索建立协同解决跨行政区域的经济矛盾纠纷，以及合资共建、要素合作配置实现产出的利益分享机制；探索建立跨地域的经济核算、税收分配分成等财税、会计、统计核算制度。

执笔人：陈妍

参考文献

[1]孙志燕．中国制造业空间布局的新趋势及对策建议[J]．区域经济评论,2014(4):10－13.

[2]马庆斌．新时期:应把优化生产力布局作为推动我国区域协调发展的重要抓手[J]．中国经贸导刊,2014(21):28－30.

[3]郑新立．《土地管理法(修正案)》应成为推动改革的利器[J]．农村工作通讯,2017(17):47.

[4]贾若祥．新发展理念下横向生态补偿与区域合作融合互动[J]．中国经贸导刊,2017(28):67－70.

[5]孙久文．建立区域协调发展新机制[N]．中国社会科学报,2018－01－12(005).

[6]孙久文．论新时代区域协调发展战略的发展与创新[J]．国家行政学院学报,2018(4):109－114,151.

[7]贾若祥．完善我国区域政策体系[J]．中国发展观察,2018(Z2):70－73.

[8]韩永文．抓住“一带一路”建设新机遇打造内陆改革开放新高地[J]．全球化,2019(11):108－111.

[9]韩永文．发挥城市群在经济高质量发展中的引领和辐射作用[J]．全球化,2019(5):8－12,134.

[10]韩永文．加快中部地区全面崛起[J]．全球化,2019(2):19－23,134.

[11] 马庆斌．优势互补　加强合作　打造国际一流湾区[J]．广东经济,2019(3):40－41.

[12]贾若祥．以更加有效的新机制保障区域协调发展[N]．经济日报,2019－06－03(012).

[13]马庆斌,袁惊柱,王婧．推动区域经济协调是高质量发展的需要[J]．质量与认证,2019(9):33－34.

[14]孙志燕,侯永志．对我国区域不平衡发展的多视角观察和政策应对[J]．管理世界,2019,35(8):1－8.

[15]马庆斌,陈妍．推动黄河流域高质量发展[EB/OL]．光明网(理论频道),2019－10－17.

第八章

完善我国区域经济空间布局政策体系和区域治理机制

立足发挥各地区比较优势和不断缩小区域间人均发展水平差距，围绕努力实现基本公共服务均等化、基础设施通达程度比较均衡、人民基本生活保障水平大体相当的目标，加快形成与优势互补高质量发展区域经济布局相适应的区域政策体系和区域治理机制，不断增强区域经济发展韧性和内生发展动力，逐步形成以国内大循环为主体、国内国际双循环相互促进的新发展格局，实现量的合理增长和质的稳步提升，促进区域协调发展向更高水平和更高质量迈进。

一、构建有利于区域空间布局的政策体系

深入实施区域协调发展战略，推进区域间生产力合理布局和产业分工，围绕中心城市、都市圈、城市群和重点经济区，不断提升其集聚产业和人的能力，打造支撑我国高质量发展的动力源系统。打破行政壁垒，推进“行政区经济”向“经济区经济”转变，促进要素自由顺畅流动，推进区域一体化建设进程，深化“放管服”改革，加快建设统一开放、竞争有序的市场体系，实现市场准入畅通、市场开放有序、市场竞争充分、市场秩序规范，加快形成企业自主经营公平竞争、消费者自由选择自主消费、商品和要素自由流动平等交换的现代市场体系。发挥我国超大规模经济体的优势，不断释放国内消费市场潜力，形成强大国内市场，加快构建以国内循环为主、国内国际双循环互促的新发展格局，为推进区域现代化建设和高质量发展提供基础性支撑。

（一）促进要素自由流动，以市场力量优化生产力布局

深化要素市场化配置改革，促进要素自主有序流动，促进各类生产要素自由流动并向中心城市、都市圈、城市群等优势地区集中，通过高质量发展化解区域发展不平衡不充分矛盾。不断提高要素配置效率，进一步激发全社会创造力和市场活力，推动经济发展质量变革、效率变革、动力变革，为建设高标准市场体系、推动高质量发展、建设现代化经济体系打下坚实制度基础。

1. 推进土地要素市场化配置

土地要素是构建优势互补高质量区域发展格局的空间载体，要加强“三区三线”国土空间管控，着眼全国统一市场建设，深入推进土地要素市场化配置，充分发挥市场在资源配置中的决定性作用，深化“亩均论英雄”改革，为促进要素向中心城市、都市圈、城市群等优势地区集聚提供相应的土地支撑。进一步建立健全城乡统一的建设用地市场，加快出台农村集体经营性建设用地入市指导意见，建立公平合理的集体经营性建设用地入市增值收益分配制度。深化产业用地市场化配置改革，完善产业用地租赁、出让、转换、流转、退出机制，重点健全产业用地租赁体系，盘活低效产业用地，促进产业用地高效集约利用。

2. 引导劳动力要素合理、畅通、有序流动

劳动力是生产要素中最为核心和最容易流动的要素，我国长期以来基本公共服务与户籍制度相挂钩的体制已经严重不适应劳动力顺畅流动的现实需求，要深化户籍制度改革，在不断完善居住证制度的基础上，尽快建立义务教育、医疗卫生、社会保障、就业创业等基本公共服务与常住人口相挂钩机制，推动公共资源按常住人口规模配置。加快推进养老保险、医疗保险等社会保障的全国统筹，为劳动力顺畅流动提供统一的社会保障支撑。健全统一规范的人力资源市场体系，加快建立协调衔接的劳动力、人才流动政策体系和交流合作机制。

3. 推进资本要素市场化配置

资本要素是促进区域经济发展的“血液”，要深入推进资本要素的市场化配置，畅通资本跨区域流动渠道，提高资本利用效率。增加有效金融服务供给，为推动区域经济高质量发展提供更好金融服务，加强对先进制造业、战略性新兴产业、低碳循环经济的金融支持，推动产业转型升级和高质量发展。优化金融资源配置，放宽金融服务业市场准入，推动信用信息深度开发利用，增加服务小微企业和民营企业的金融服务供给。推进绿色金融创新，不断完善绿色金融顶层设计与基础性制度安排，拓宽绿色项目投融资渠道，创新绿色金融工具，形成绿色金融与绿色发展相互促进的发展格局。探索建立完善的金融机构市场化、法治化退出机制。

4. 加快发展技术要素市场

技术要素是区域经济发展的核心驱动力，要深入实施科教兴国战略、人才强国战略、创新驱动发展战略，完善国家创新体系，加快建设科技强国。要强化国家战略科技力量，提升企业技术创新能力，激发人才创新活力，完善科技创新体制机制。加快发展技术要素市场，围绕产业链部署创新链，围绕创新链布局产业链，加快构建研产学用一体化发展格局，促进技术转化和产业化。坚定不移建设制造强国、质量强国、网络强国、数字中国，推进产业基础高级化、产业链现代化，提高经济质量效益和核心竞争力。充分发挥我国区域空间回旋余地大的优势，加强国家技术转移区域中心建设，支持科技企业尤其是中西部地区的科技企业与高校、科研机构合作建立技术研发中心、产业研究院、中试基地等新型研发机构，加快推进应用技术类科研院所市场化、企业化发展。促进技术要素与资本要素融合发展，支持科技企业与投资机构合作建立投资基金，促进技术孵化和成果转化。引导高校院所及社会机构设立种子基金，支持概念验证和小试中试，吸引创业投资及商业金融参与。积极探索通过天使投资、创业投资、知识产权证券化、科技保险等方式推动科技成果资本化。

5. 加快培育数据要素市场

数据要素是随着科学技术的快速发展形成的新的区域发展要素，是促进区域发展新的经济增长点，是催生新业态新模式的动力源。应推进政府数据开放共享，优化经济治理基础数据库，加快推动各地区各部门间数据共享交换，制定出台新一批数据共享责任清单，提升社会数据资源价值，切实“让群众少跑腿，让数据多跑路”，让数据成为区域之间的“织网人”。培育数字经济新产业、新业态和新模式，支持构建农业、工业、交通、教育、安防、城市管理、公共资源交易等领域规范化数据开发利用的场景。加强数据资源整合和安全保护。探索建立统一规范的数据管理制度，提高数据质量和规范性，丰富数据产品。推动完善适用于大数据环境下的数据分类分级安全保护制度，加强对政务数据、企业商业秘密和个人数据的保护。

（二）推进市场一体化建设，构建优势互补的产业分工格局

市场一体化有利于推进产业合理分工和优势互补、减少区域自我封闭发展和重复布局。着眼国内国际双循环，加快破除城乡区域壁垒，促进城乡区域要素市场一体化，围绕重点区域，推进区域市场一体化建设，加快完善市场交易制度和平台，可以为构建统一开放、竞争有序的市场奠定坚实的基础。

1. 城乡区域要素市场一体化

按照竞争中性原则，深入实施公平竞争审查制度，消除城乡区域市场壁垒，打破城乡区域间存在的行政性垄断，清理和废除妨碍统一市场和公平竞争的各种规定和做法，进一步优化营商环境，激发市场活力。加快推进城乡区域劳动力要素一体化进程，提高养老保险和医疗保险统筹层次，尽快实现全国统筹，加快推进农业转移人口市民化进程，促进劳动力在城乡区域间的顺畅流动。加快建立城乡统一的建设用地市场，

全面推开农村集体经营性建设用地直接入市。进一步完善技术惠农富农强农体系，着力构建适应现代农业发展需要的农技推广服务体系，逐步提高农业科技成果转化、推广、应用效率，加快提升农业物质装备和技术水平，促进农业转型升级和农民增收致富。通过劳动力、土地、技术三大要素城乡区域一体化带动其他要素市场一体化建设，为构建优势互补的城乡区域发展格局提供有力支撑。

2. 推进区域市场一体化

按照建设统一、开放、竞争、有序的市场体系要求，推动长三角、京津冀、粤港澳大湾区、长江经济带、黄河流域等区域一体化市场建设，加快探索建立发展规划共谋、发展模式共推、治理方式共商、区域市场共享的区域市场一体化发展新机制，引领全国统一大市场建设。围绕经济联系密切的区域，进一步打破地区行政壁垒，加快清理妨碍市场准入的不合理规定，联手完善市场规则、标准和相关政策，着力发挥市场在资源配置中的决定性作用，实现市场调节的“无形之手”、政府调控的“有形之手”、市场主体的“勤劳之手”的有机结合。充分运用好互联网、大数据等最新技术手段，推进数据要素安全有序、共建共享，高质量提升区域市场一体化的现代化水平。

3. 完善市场交易制度和平台

着力打破地方保护主义，按照竞争中性原则，统筹发展和安全，将安全发展贯穿国家发展各领域和全过程，防范和化解影响我国现代化进程的各种风险，筑牢国家安全屏障。加强反垄断和反不正当竞争执法，规范市场交易行为，健全投诉举报查处机制，防止发生损害国家安全及公共利益的行为。加强市场交易信用体系建设，完善失信行为认定、失信联合惩戒、信用修复等机制。进一步完善自然资源资产有偿使用制度，构建统一的自然资源资产交易平台。建立健全用水权、排污权、碳排放权、用能权初始分配，加快完善相应的市场化交易制度，培育发展各类产权交易平台。健全科技成果交易平台，完善技术成果转化公开交易与监管体系。引导培育大数据交易市场，依法合规开展数据交易。支持各类所有制企业参与要素交易平台建设，规范要素交易平台治理，健全要素交易信息披露制度。

（三）完善“放管服”，因势利导推进区域间生产力合理布局

促进区域间生产力合理布局和产业分工，要从根本上发挥市场配置资源的决定性作用，发挥政府的合理引导作用，通过深入推进“放管服”改革，因势利导推进区域间生产力合理布局和产业分工，而利企便民的营商环境是激发区域经济发展活力的“沃土”。按照“法无授权不可为，法定职责必须为，法无禁止皆可为”的思路，进一步厘清市场和政府职责，通过完善负面清单、权力清单、责任清单，规范推进“放管服”改革，为因势利导推进区域间生产力合理布局和产业分工，营造良好的外部环境。

1. 进一步精简负面清单

在竞争性领域，在确保公共安全的前提下，按照“法无禁止皆可为”的思路，进一步发挥市场在资源配置中的决定性作用，推动市场准入门槛不断降低，有效激发各类市场主体特别是民营经济的活力。实施全国统一的市场准入负面清单制度，消除歧视性、隐蔽性的区域市场准入限制。进一步缩小“负面清单”范围，不断加大服务业、制造业、采矿业、农业等领域的开放力度，逐步减少不必要的限制，在更多领域允许外资控股或独资经营。充分发挥中国自由贸易试验区和自由贸易港先行先试的作用，在压缩“负面清单”方面发挥示范引领作用，构建更加开放、便利、公平的投资环境，推进更大范围的全球产业链合作，逐步形成以国内大循环为主体、国内国际双循环相互促进的新发展格局。

2. 进一步完善权力清单

在公权领域，按照“法无授权不可为”的思路，进一步完善政府

部门的“权力清单”，推进法治政府建设，促进国家治理体系和治理能力现代化，提升行政权力依法规范公开运行质量。结合“负面清单”改革的推进，同步完善“权力清单”，不断加强事中和事后监管，构建法治政府、阳光政府、廉洁政府。动态调整“权力清单”，实现“行政权力进清单、清单之外无权力”，切实维护“权力清单”的严肃性、规范性和权威性。规范行政权力行使，强化行政权力依法规范公开运行，加快形成边界清晰、分工合理、权责一致、运转高效、依法保障的政府职能体系和科学有效的权力监督、制约、协调机制，全面推进依法行政。

3. 进一步落实责任清单

推行责任清单制度，是全面深化改革的重要内容，是深化行政体制改革的基础工程，是推进政府职能转变的突破口。确保公权力责任落实，按照“法定职责必须为”的思路，进一步落实责任清单，确保权责一致，切实解决好“不作为”问题，实现“法定职责必须为”。逐一厘清与行政职权相对应的责任事项，建立责任清单，明确责任主体，健全问责机制。推进“责任清单”制度的落实，明确并严格履行法定职责，切实推进依法行政和依法履职，做到任务明确、责任明确、追责有据。按照“有权必有责、用权受监督、失责必追究”的要求，完善行政执法监督机制，加大执法监督力度，主动接受社会各界监督，对不作为、无作为、庸政、懒政、怠政行为，严肃追究责任。

二、构建有利于区域空间布局的治理机制

加快构建有利于生产力合理布局和产业分工的区域治理机制，要针对我国区域发展差异较大、互补性较强的实际情况，充分认识到区域发展差距在很大程度上也是今后的发展潜力，发挥我国社会主义“一盘棋”的制度优势，优化区域间的互助与合作，通过推进省际区域间产

业链、供应链、价值链、创新链、生态链等的密切合作，更好协调好省际区域间的利益关系，增强区域发展韧性，构建协同高效的区域治理机制。

（一）优化区域互助协作机制，带动区域间产业分工合作

为了更好地促进困难地区加快发展，我国形成了包括对口协作、对口支援、对口合作等在内的区域间互助机制，在促进落后地区加快发展和发挥区域比较优势、缩小区域发展差距方面起到积极作用。要通过区域间的互助协作，以“输血”带动落后地区“造血”能力的提升，不断增强落后地区发展的内生动力，通过区域间的互助机制，推进产业的合理分工与合作，为化解区域发展不平衡不充分问题和促进现代化建设提供有力支撑。

1. 深化东西部地区扶贫协作

东西部地区扶贫协作是推动区域协调发展、协同发展、共同发展的大战略，是加强区域合作、优化产业布局、拓展对内对外开放新空间的大布局，是实现先富帮后富、最终实现共同富裕目标的大举措。要面向新的百年目标，根据我国现代化建设的新需求，延续和进一步完善我国既有的东西部地区扶贫协作机制，同时，不断优化协作内容，确保西部相对贫困地区能够在现代化建设中跟上队。要着眼于任务的适当平衡，完善省际结对关系。在保持东西部地区原有体制不变、对口帮扶原有结对关系不变、东西地区和对口支援原有的管理体系不变的基础上，对贫困程度深的西部地区适当增加帮扶力量，对东部地区经济下行压力较大、自身帮扶任务较重的省份适当调减任务。经过调整完善，进一步增强对相对贫困地区的帮扶力度。发挥东部地区创新资源丰富的比较优势和中西部地区发展空间广阔的比较优势，促进条件适宜的技术成果在中西部地区转化和形成产业，促进东西地区扶贫协作中的产业链和创新链对接合作，进一步拓展东部地区的发展新空间，进一步巩固和提升中西

部地区的脱贫成果，确保脱贫人口不返贫、贫困地区不掉队。

2. 深入开展对口支援

进一步完善对口支援结对关系，加大对落后地区的帮扶力度。着力推动县与县精准对接，探索推进乡镇、行政村之间结对帮扶。动员东部地区各级党政机关、人民团体、企事业单位、社会组织、各界人士等积极参与脱贫攻坚工作。加大通过支援产业发展带动扶贫工作的力度，着力增强贫困地区的自我发展能力。推进东部地区产业向西部地区梯度转移，把握好供需关系，发挥支援方和受援方的比较优势，实现互利双赢、共同发展。把产业合作作为深入推进对口支援工作供给侧结构性改革的重要内容，大胆探索“飞地经济”“产业飞地”等新模式。加强科技创新合作，探索技术成果转化和产业化合作新模式。深化精准对口支援，推动新疆、西藏和青海、四川、云南、甘肃等省区经济社会持续健康发展，促进民族交往交流交融，筑牢社会稳定和长治久安基础。

3. 创新开展对口协作

按照“政府搭台、企业唱戏、区域受益”的模式，创新开展对口协作与合作。面向经济转型升级困难的老少边穷、生态退化、资源枯竭和老工业地区等特殊类型地区，组织开展对口协作（合作），构建政府、企业和相关研究机构等社会力量广泛参与的对口协作（合作）体系，集中力量推进特殊类型地区高质量转型发展。深入开展南水北调中线工程水源区对口协作，积极探索生态产品价值实现机制试点，通过完善市场化多元化的生态补偿机制，推动水源区绿色发展。继续开展对口支援三峡库区，支持库区提升基本公共服务供给能力，加快库区移民安稳致富，促进库区社会和谐稳定。进一步深化东部发达省市与东北地区的对口合作，不断完善东北地区的营商环境和城市功能，形成“投资必过山海关”的氛围，推动老工业基地和资源枯竭型城市转型发展，促进东北地区“工业锈带”向“生活秀带”转变。

4. 促进产业梯度转移

我国区域发展差距大，发展落差往往也是发展空间，要充分发挥我国区域发展空间回旋余地大的优势，根据区域资源环境承载力和国土空间开发适宜性，发挥市场配置资源的决定性作用和更好发挥政府的引导作用，促进产业区域间的有序梯度转移，既为发达地区产业升级腾挪出新的发展空间，也为落后地区注入新的发展动力，同时也为保障国家产业链供应链安全提供坚实的支撑。产业梯度转移承接地要与发达地区加强对接，按照产业承接方向，着力优化营商环境，着力深化开放合作，着力完善承接平台，着力提升承接能力，着力推动绿色发展，有力有序有效承接国内外产业转移，构建产业结构优化、开放体系完善、区域协同联动、行政服务高效、示范效应明显的承接产业发展格局，为构建以国内大循环为主体、国内国际双循环相互促进的新发展格局提供有力支撑。

（二）健全区际利益补偿机制，促进产业链价值链深度融合

党的十九届五中全会提出，坚持实施主体功能区战略，健全区域协调发展体制机制。根据当前国土空间划分，不同的区域有不同的主体功能定位，不同的主体功能定位意味着有不同的发展权。比如生态功能区主要承担着提供生态产品的功能；农产品主产区主要承担着提供农产品的功能；城市化地区主要承担着聚人聚产、促进经济高质量发展的功能。不同的发展权导致区域之间实际收益有着较大差异，同时由于我国生态产品价值实现机制和资源价格形成机制尚不健全，资源开发地区和资源消费地区也有着较大的收益差异，要健全区际利益补偿机制，促进产业链和价值链深度融合，通过生态补偿、产销合作、园区共建等多种形式，建立并不断完善跨省、跨行政区的利益协调机制，协调好不同区域之间的利益差异。

1. 完善多元化生态补偿机制

贯彻“绿水青山就是金山银山”的重要理念和山水林田湖草生命

共同体的系统思想，复制推广浙江省和安徽省新安江流域生态环境补偿的成功经验，按照区际公平、权责对等、试点先行、分步推进的原则，不断完善市场化、多元化生态补偿机制，积极探索市场化、多元化的生态产品价值实现机制。依托重大区域战略，围绕长江、黄河等大江大河，遵循“保护责任共担、流域环境共治、生态效益共享”的原则，探索建立具有示范意义的全流域生态补偿模式，强化联防联控、流域共治和保护协作，搭建起“全面覆盖、权责对等、共建共享”的合作平台，支持设立生态补偿基金或绿色发展基金，通过完善跨行政区（省、市、县等）的生态补偿机制，加快实现全流域的高水平保护，推动流域高质量绿色发展。贯彻落实好财政部、生态环境部、水利部和国家林草局四部门联合印发的《支持引导黄河全流域建立横向生态补偿机制试点实施方案》，加快构建上中下游齐治、干支流共治、左右岸同治的格局，推动黄河流域各省（区）共抓黄河大保护，协同推进大治理。在长江流域不同江段开展流域横向生态补偿的基础上，加快推进整个长江流域的生态补偿工作。在京津冀水源涵养区、广西广东九洲江、福建广东汀江—韩江、江西广东东江、广西广东西江流域等深入开展跨地区生态保护补偿试点。

2. 建立粮食主产区与主销区之间利益补偿机制

充分考虑我国粮食主产区整体效益偏低的发展实际，加快完善强农富农的政策措施，有效协调粮食主产区和主销区之间的利益关系。按照宜农则农、宜粮则粮的要求，发挥粮食主产区的产粮优势，不断完善粮食主产区利益补偿机制，加大产粮大县奖补政策支持力度，压实主销区和产销平衡区稳定粮食生产责任，确保国家粮食安全。研究出台粮食产销合作机制指导意见，建设一批产销区储备合作试验区，增强粮食主产区的种粮积极性。鼓励粮食主销区加大对粮食主产区的支持力度，鼓励粮食主销区通过在主产区建设加工园区、建立优质商品粮基地和建立产销区储备合作机制以及提供资金、人才、技术服务支持等方式开展产销协作，构建产销利益共同体，协调粮食主产区和粮食主销区之间的利益关系。加大对粮食主产区的支持力度，促进主产区提高粮食综合生产能力，国家支持大型农产品精深加工项目优先向粮食主产区布局，通过政策扶持，促进一批市场前景好、科技含量高、产业链条长、带动能力强、节能环保的农产品精深加工项目落户粮食主产区，充分调动主产区地方政府抓粮食生产和农民种粮的积极性，共同维护国家粮食安全。

3. 健全资源输出地与输入地之间利益补偿机制

不断完善资源价格形成机制，使资源开发更多惠及资源开发地区。完善接续替代产业培育扶持机制，推进资源型地区“未衰先转”，积极化解“矿竭城衰”后面临的突出问题，加强资源输出地与资源输入地之间的合作，共同推动资源输出地区持续高质量发展。坚持市场导向和政府调控相结合，逐步理顺主要资源的产供销储之间的价格关系，研究出台“天然气产供储销价格机制指导意见”，加快完善有利于资源集约节约利用和可持续发展的资源价格形成机制，确保资源价格能够涵盖开采成本以及生态修复和环境治理等成本。研究制定“十四五”资源型地区高质量发展的政策文件，促进资源型地区加快转型升级，支持接续替代产业加快发展，促进持续高质量发展。鼓励资源输入地通过共建园区、产业合作、飞地经济、科技合作、人才援助等形式支持输出地发展接续产业和替代产业，加快建立支持资源型地区经济转型发展的长效机制。

（三）建立区域应急协同体系，确保产业链供应链安全可控

新冠肺炎疫情的暴发凸显了建立区域应急协同体系的重要性，要积极构建垂直整合的产业链集群，加快补齐产业链集群短板，加快建立并不断完善区域应急协同体系，确保产业链供应链安全可控。要坚持总体国家安全观，实施国家安全战略，维护和塑造国家安全，统筹传统安全

和非传统安全，将安全发展贯穿国家发展各领域和全过程，防范和化解影响我国现代化进程的各种风险，筑牢国家安全屏障。要加强国家安全体系和能力建设，确保国家经济安全，保障人民生命安全，维护社会稳定和安全。

1. 推进区域内上、中、下游产业链供应链集群式发展

新冠肺炎疫情对全球化的产业链供应链形成了巨大的冲击，而中美贸易摩擦的复杂化、多领域化和长期化也为加快完善我国的产业链和供应链敲响了警钟，为保障产业链、供应链安全可控，要积极推进区域内产业垂直分工。在一个地方垂直整合的产业链集群与传统的水平分工的区别在于，产业链上的企业尽管还是国际化水平分工，但不再是广泛分布在世界每一个角落，而是选择合适的地区，形成整个上、中、下游的零部件、半成品的集群化生产基地，实现国际化分工区域化。这不仅可以使产业链的上、中、下游企业之间的资源要素实现有机整合，避免行业内的供需错配，使供给更加精准有效，还能通过产业链条上生产技术和工艺的良性竞争，推动企业不断创新，促进优胜劣汰，延长产业的生命周期，实现产业能级的快速跃升。此外，还能够有效降低物流等成本，补齐创新等短板，加快形成区域核心竞争力。要围绕我国的中心城市、都市圈和城市群，依托我国国家级新区、自由贸易试验区、各级各类经济技术开发区、高新技术产业园区等产业发展平台，推进区域内上、中、下游产业链供应链集群式发展，为建设现代化产业体系提供坚实支撑。

2. 推进区域内同类产品集群式发展

积极培育同类产品发展的“沃土”，推进区域内同类产品集群式发展，营造“百舸争流”的产业发展景象。当一个产品产业链集群形成之后，它的上游原材料、零部件配套产业就有条件将同类产品、同类企业扎堆落户，形成集群。就如一个地方有希尔顿也有喜来登，有可口可乐也有百事可乐一样，使得该产业“东方不亮西方亮”。否则，如果

“一企独大”，市场很容易产生较大波动，会使得一个地区的经济大起大落，进出口也大起大落。只要形成了这种同类企业集群，即使有个别龙头企业遇到困难，但就产业整体而言，也是稳定的，是持续向上的，整个产业集群就能健康发展。在我国的一些产业园区，已经形成了同类产品集聚式发展的态势，要进一步完善发展环境，复制推广同类产品集聚式发展的成功经验，打造一系列同类产品集聚式发展基地。

3. 推进区域内多链融合发展

促进创新链、供应链、价值链、产业链等多链融合发展，不断增强区域发展韧性。新产品的开发过程中，会有很多从事研发、设计、科技成果转化服务、知识产权应用等生产性服务业企业为之配套，这就涉及创新链条的延伸。有条件的地方应该积极创造条件，促进此类产业在本地集聚。同时，在产品销售过程中，还会产生结算和物流等环节。比如，产品在全球销售、在全国销售，就会使得与结算、物流相关联的各种服务型企业集聚扎堆，围绕着制造业集群来布局产业链。这种集群背后往往是各大企业集团的销售中心和利润中心的聚集，是价值链的整合，是地方税收的重要源泉，因此，要积极争取在当地布局。通过多链融合发展，在不断增强区域综合竞争力的同时，提高区域应对外部风险的能力。

三、提高区域政策的精准性和有效性

我国区域间资源禀赋差异非常大，必须根据各地区的条件和特点，推进生产力合理布局，宜水则水、宜山则山，宜粮则粮、宜农则农，宜工则工、宜商则商，充分发挥区域比较优势。区域政策也逐步由“板块区政策”向“类型区政策”转变，因地制宜，因区施策，精准施策，不断提高区域政策的有效性和精准性。

（一）细化区域政策基本单元，提高政策针对性

要针对我国不同区域类型和区域发展中存在的突出区域问题，制定差别化的区域政策，不断细化区域政策的基本空间单元，不断提高区域政策的精准性和有效性。

1. 明晰区域政策作用对象

推进区域政策作用对象由“板块”向“类型”转变，针对不同的区域类型制定更有针对性的区域政策。一是结合我国主体功能区战略和国土空间规划的实施，针对我国城市化地区、生态地区和农业地区等不同类型区，制定并不断完善相关的区域政策，构建起区域政策的宏观框架体系。二是针对发展落后、发展滞胀、发展衰退等区域在发展中的典型问题，梳理问题比较集中的区域，划分问题区域，有针对性地制定区域政策，“点穴”式化解区域问题，提高区域政策的针对性。

2. 细化区域政策基本空间单元

充分利用现代信息手段，不断细化区域政策的基本空间单元，提高区域政策的有效性。细化区域政策的基本空间单元。区域作为经济社会发展综合体，其内部的异质性和区域间的异质性都较强，理论上讲，区域政策的基本空间单元越小，就越可以减少区域内部的异质性，从而使区域政策的针对性和有效性更强，更有利于“靶向施策”。中央和地方各级政府在制定相关区域政策时，要根据实际操作可能性，尽可能地细化区域政策的基本空间单元，真正做到因区施策和精准施策，防止区域政策“撒胡椒面”。

3. 加大对特殊类型地区发展的精准扶持

建立健全对老少边穷地区、生态退化地区、资源枯竭型地区和老工业地区等特殊类型地区的长效普惠性扶持机制和精准有效支持机制。不断激发欠发达地区的造血功能和内生动力，推动实现高质量发展。充分考虑特殊类型地区的自身特点，提高财政、产业、土地、环

保、人才等政策的精准性和有效性，因地制宜地培育和激发特殊类型地区的发展动能。相关中央预算内投资和中央财政专项转移支付加大向特殊类型地区倾斜力度，对特殊类型地区的优势产业和特色产业发展给予必要的政策倾斜。在用地政策方面，保障跨区域重大基础设施和民生工程用地需求，对特殊类型地区实行建设用地计划指标倾斜。研究制定鼓励人才到特殊类型地区工作的优惠政策，支持地方政府根据发展需要制定吸引国内外人才的区域性政策。根据地区间财力差异状况，调整完善中央对地方一般性转移支付办法，加大均衡性转移支付力度，在充分考虑地区间支出成本因素、切实增强特殊类型地区自我发展能力的基础上，将常住人口人均财政支出差异控制在合理区间。

（二）建立区域政策与其他宏观调控政策联动机制，提高政策有效性

区域政策更加注重长期性，财政政策、投资政策和产业政策更加注重短期性，要长短结合，相互配合，不断提高区域政策的有效性。要加强区域政策与其他政策的协同联动，使相关政策形成叠加共振效应，构建宏观政策要稳、微观政策要活、社会政策要托底、区域政策要精准的政策调控体系。

1. 加强区域政策与财政政策的协调配合

构建区域政策与财政政策协调配合机制，加快完善针对财政困难地区的规范化和制度化支持机制，不断提升财政困难地区基本公共服务的财政保障能力。在我国区域发展中，发展落后地区或发展困难地区在财政收入上面临较大压力，财政收支缺口大，大部分属于“要饭财政”。对于此类地区，要加大财政政策支持力度，根据当地的常住人口规模合理测算基本公共服务的财政支出需求，根据因素法加快完善财政转移支付系数，兜住基本公共服务财政支出的底线，加快补齐基本公共服务领

域的“短板”，构建公平公正的区域基本公共服务体系。

2. 加强区域政策与投资政策的协调配合

构建区域政策与投资政策的协调配合机制，加快对落后地区重大交通、水利、生态、民生等重点领域和新型基础设施的投资支持力度，不断完善落后地区发展环境。落后地区在发展过程中面临的最大问题就是区域性资金短缺，尤其是在交通水利、生态环境、民生保障、新型基础设施等领域，自身筹资能力较弱，在很大程度上需要依靠上级政府财政转移支付。要瞄准落后地区事关民生的重大基础设施以及落后地区与毗邻中心城市互联互通的重大基础设施，加大国家的投资支持力度，通过“强弱项”“补短板”，促进落后地区融入中心城市发展大局之中，不断增强落后地区发展的内生动力。

3. 加强区域政策与产业政策的协调配合

根据国家现代化产业体系建设，结合不同区域的产业基础和发展潜力，进一步推进产业政策区域化，使产业政策更符合区域主体功能定位，通过产业政策区域化和区域政策产业化，加快推进形成各具特色的区域现代化产业体系，为区域高质量发展提供坚实的支撑。不断完善区域性产业引导目录，在发挥市场配置资源决定性作用的基础上，更好发挥政府在产业发展领域的引导作用。

（三）健全区域发展保障机制，规范引导生产力布局和产业分工

区域发展保障机制对于规范引导生产力布局和产业合理分工至关重要，要瞄准区域协调发展的目标，针对生产力布局和产业分工中存在的突出问题，进一步完善区域发展保障机制。

1. 规范区域规划编制管理

进一步完善区域规划的编制、审批、公布、实施、评估、延续、废止等全过程管理机制，提高区域规划编制的规范性、权威性和有效性，以更好支撑区域协调发展战略的实施。进一步加强区域规划编制前期研

究，完善区域规划编制审批计划管理制度。进一步健全区域规划实施机制，加强区域规划实施中期评估和后评估，根据评估结果，动态完善区域规划内容。对实施到期的区域规划，在后评估基础上，确需延期实施的可通过修订规划延期实施，不需延期实施的要及时废止。根据优化国土空间布局和实施区域重大战略、区域协调发展战略、主体功能区战略需要，适时编制实施新的区域规划。

2. 建立区域发展监测评估预警体系

围绕基本公共服务均等化、基础设施通达程度比较均衡、人民基本生活保障水平大体相当的目标，建立并不断完善区域协调发展评价指标体系，科学客观评价区域发展的协调性，为制定和调整区域政策提供参考。引导社会智库研究发布区域协调发展指数。针对区域金融、生态、社会、疫情等易发生风险的领域，联合相关部门协同推进区域发展监测评估和风险预警体系，密切监控突出问题，预先防范和妥善应对区域发展风险。

3. 建立健全区域协调发展法律法规体系

推进区域协调发展立法工作，促进区域协调发展的法治化进程。研究论证促进区域协调发展的法规制度，明确区域协调发展的内涵、战略重点和方向，健全区域政策制定、实施、监督、评价机制，明确有关部门在区域协调发展中的职责，明确地方政府在推进区域协调发展中的责任和义务，发挥社会组织、研究机构、企业在促进区域协调发展中的作用。

执笔人：贾若祥

参考文献

[1]习近平．在深入推动长江经济带发展座谈会上的讲话[J]．求是,2019(17).

[2]习近平．推动我国生态文明建设迈上新台阶[J]．求是,2019(3).

[3]习近平．在深度贫困地区脱贫攻坚座谈会上的讲话[J]．求是,2017(17).

[4]习近平．推动形成优势互补高质量发展的区域经济布局[J]．求是,2019(24).

[5]习近平．在黄河流域生态保护和高质量发展座谈会上的讲话[J]．求是,2019(20).

[6]习近平．国家中长期经济社会发展战略若干重大问题[J]．求是,2020(21).

[7]中国共产党第十九届中央委员会第五次全体会议公报[Z].2020－10－29.

[8]黄奇帆．区域经济高质量发展,要抓好这五个问题[J]．瞭望,2020－05－28.

[9]韩永文．推动经济高质量发展的制度环境研究[J]．全球化,2018(12).

[10]韩永文．新常态下经济增长的动力支撑在哪[J]．中国经贸导刊,2015(10).

[11]杨伟民,等．实施主体功能区战略,构建高效、协调、可持续的美好家园[J]．管理世界,2012(10).

[12]魏后凯,年猛,李功．"十四五"时期中国区域发展战略与政策[J]．中国工业经济,2020(6):5－22.

[13]贾若祥．中国区域发展研究[M]．北京:经济科学出版社,2016.

[14]贾若祥．以更加有效的新机制保障区域协调发展[N]．经济日报,2019－06－03.

[15]贾若祥．完善我国区域政策体系[J]．中国发展观察,2018(19).

[16]贾若祥,张燕,王继源,汪阳红,窦红涛. 我国实施区域协调发展战略的总体思路[J]. 中国发展观察,2019(9).

[17]贾若祥."十四五"时期完善我国区域政策体系和区域治理机制[J]. 中国发展观察,2020(15).

附录

附录1　指标及数据说明

（一）样本选取与数据来源

1. 省级数据

本书选取除西藏[①]外30个省（自治区、直辖市）的2000—2017年的制造业二位代码数据作为研究对象。其中，2000—2003年、2005—2016年原始数据来源于《中国工业（经济）统计年鉴》，2004年、2017年原始数据来源于《中国经济普查年鉴》。对于少数年份的缺失数据，一是通过Wind数据库获得，如2017年北京市工业总产值数据、2012—2016年各地区工业总产值数据、2012年各地区平均用工人数数据等均来源于Wind数据库；二是通过各省份公布的相关年度统计年鉴获得，如2017年辽宁省工业总产值数据来源于《辽宁统计年鉴2018》；三是通过计算历史经验的增长率估算完成，如河北省2012年的平均用工人数数据，由此前年份平均用工人数的平均增长率乘以2011年的基数得到，计算公式为：

$$X_n = X_{n-1} * \sqrt{\frac{X_{n-1}}{X_1}}$$

为进一步衡量不同经济发展水平对制造业空间布局的影响，本书采取国家统计局公布的经济区域划分方式，将我国划分为东部、中部、西

---

① 西藏地区数据缺失过多，故剔除。

部、东北四个经济区域。其中，东部地区包括北京、天津、河北、上海、江苏、浙江、福建、山东、广东和海南10个省份；中部地区包括山西、安徽、江西、河南、湖北和湖南6个省份；西部地区包括内蒙古、广西、重庆、四川、贵州、云南、陕西、甘肃、青海、宁夏和新疆11个省份；东北地区包括辽宁、吉林和黑龙江3个省份。

2. 城市群数据

本书选取珠三角城市群、长三角城市群、中原城市群、哈长城市群作为研究对象，选取2013—2017年的制造业二位代码数据作为研究对象。其中，珠三角城市群为制造业产值数据，长三角、中原、哈长城市群为用工人数数据，相关数据源于各城市统计年鉴。

（二）指标与方法说明

为了更为准确、具体地分析制造业布局情况，本书选取衡量产业层面的集中度、专业化指数以及省级层面的产业结构相似度指数、产业结构均衡性指数进行定量分析，重点研究区域经济布局调整背景下我国产业布局的演变规律以及近年来新的趋势特征，具体度量方法如表1所示。

表1　制造业布局度量方法

指标名称	指标说明	度量公式
基尼系数	衡量产业的地理集中度	$G_k = \frac{1}{2n^2\mu}\sum_i\sum_j \lvert s_{ki} - s_{kj} \rvert$
区位熵	衡量地区各产业的专业化程度	$LQ_k = (s_{ki}/s_i)/(s_k/s)$
产业相似系数	衡量各省产业结构相似度	$S_{ij} = \frac{\sum_{k=1}^{m} s_{ik}s_{jk}}{\sqrt{\sum_{k=1}^{m} s_{ik}^2 \sum_{k=1}^{m} s_{jk}^2}}$
赫芬戴尔系数	衡量产业结构均衡性	$H = \sum_k s_k^2$

注：i与j表示省（市、自治区），k表示产业，s_i表示地区i就业人数在全国就业人数中的占比，s_k表示产业k就业人数在制造业就业人数中的占比，s_{ki}表示地区i产业k的就业人数在全国制造业就业人数中的占比，μ为产业k在各省就业人数占比的平均值，n为省份个数，m表示产业个数。

附录2 东北地区全面振兴战略实施的现状与建议

东北地区作为“共和国长子”“新中国工业的摇篮”，是我国重要的工业和农业基地，曾为国民经济的振兴以及现代化进程的推进做出了不可磨灭的贡献。但随着改革开放的深入，东北老工业基地因不适应市场化改革和体制机制转轨，一度出现发展萎靡的态势。2003 年，党中央、国务院从全面建设小康社会的全局出发，大力促进区域协调发展，正式实施了东北老工业基地振兴战略。振兴战略的实施，对东北地区经济的发展起到了明显的促进作用，老工业基地焕发出新的生机和活力。然而自 2013 年以来，东北地区发展出现了新的矛盾和问题，东三省经济增速迅速下滑至全国末位。面对新的困难和挑战，国家积极调整振兴战略，提出了许多新观点、新举措，东北地区进入全面振兴新阶段。

东北全面振兴是党和国家做出的促进区域协调发展的重大举措，其目的在于推进东北地区产业基础高级化和产业链现代化，构建形成创新引领、协同发展的现代化产业体系，进而形成优势互补、分工合理、高质量发展的区域经济布局，更好地履行国家赋予的国防、粮食、能源、生态、产业安全职责。

一、东北地区全面振兴战略实施现状分析

自东北全面振兴战略实施以来，党中央、国务院高度重视东北老工业基地的振兴发展。习近平总书记多次到东北三省调研考察，实地了解东北地区社会经济发展的现状与问题，并做出一系列重要决策与部署，为新时代东北地区的全面振兴指明了方向。在国家的大力支持以及东三省广大干部群众的不懈努力下，东北地区的振兴发展取得了显著的成绩。

（一）新形势对东北地区振兴提出新要求

2015 年年底，国务院出台《关于全面振兴东北地区等老工业基地的若干意见》，正式将“振兴”战略扩大为“全面振兴”，以适应时代发展的新形势。

从国际来看，首先，国际环境不稳定因素大幅增加，国际金融危机影响仍然持续，贸易保护主义抬头，贸易环境发生深刻变化，尤其是新冠肺炎疫情加速了国际市场的严重萎缩，全球供应链出现本地化、区域化、分散化的趋势，逆全球化风潮愈演愈烈。加快转变经济增长方式、促进区域协调发展、全面提升经济发展的质量和效益成为东北振兴的主要路径。其次，先进制造业的兴起为东北地区振兴提供了历史新机遇。近年来，发达国家纷纷开展“再工业化”战略，大力发展先进制造业。美国推出“国家先进制造业战略计划”，德国提出“工业 4.0”，英国积极推行“高价值创造”，日本发布“工业互联”概念。这种以智能化、信息化为核心的新一轮工业革命为有良好工业基础的东北地区的转型升级提供了新的驱动力。

从国内来看，首先，经商环境日益成为区域发展的重要竞争优势，是一个地区经济软实力的体现，也是该地区建设现代化经济体系、夯实高质量发展的重要基础。中国开始重视各地营商环境的构建，先后出台

了一系列指导意见和措施，在改善和优化营商环境方面进行了多种有益的尝试和探索。积极推动“放管服”等方面的改革已成为各地加强营商环境建设、推动区域经济发展的重要手段。其次，国家在推进经济可持续发展过程中积极解决历史遗留问题，相继出台若干政策对国企改革、养老金调整等关乎国计民生和企业员工切身利益的重大问题做出指导，这为历史遗留问题相对比较严重的东北地区提供了新的机遇。最后，生态文明建设逐渐成为衡量一个地区社会经济发展水平的重要标准，保护生态环境、转变产业发展方式、改变以经济利益为导向的国土开发模式成为东北地区振兴发展的新思路。

随着外部环境形势的变化，国家对东北全面振兴有了新期待，提出了新要求。其一，东北地区振兴是全面的、全方位的。习近平总书记在2018 年提出“新时代下东北振兴是全面振兴、全方位振兴”，这就要求东北地区在振兴发展过程中要在推动经济发展、产业结构优化、体制机制调整、营商环境改变、创新动力增强、生态环境保护、对外开放加强等方面同时发力，实现多领域、多方位全面振兴。其二，东北地区的振兴不仅是区域发展的诉求，同时也是国家发展的重大战略。2018 年习近平总书记在辽宁调研时指出，“东北地区在维护国家国防安全、粮食安全、生态安全、能源安全，产业安全的战略地位方面发挥着十分重要的作用，关乎国家发展大局”。这表明东北地区的振兴不仅关系到区域经济的协调发展，同时还在国家稳定、国防建设、地缘政治等方面具有重要的战略意义。其三，东北地区应承担起“全国经济重要增长极”的重要角色，对国家现代化建设起到重要的支撑作用。2020 年 7 月，习近平总书记在吉林考察时表示，“东北地区深入实施振兴战略，要在服务党和国家工作全局中体现新担当，在走出一条质量更高、效益更好、结构更优、优势充分释放的发展新路上实现新突破”。因此，东北地区应将深化改革摆在首位，着力推动经济发展质量变革、效率变革和动力变革，并将区位条件、产业基础、资源禀赋等优势充分发挥出来，形成对国家重大战略的坚强支撑。其四，将生态资源转化为地区振兴的重要财富。2016 年，习近平总书记在参加十二届全国人大四次会议黑龙江省代表团审议时提出“绿水青山是金山银山，黑龙江的冰天雪地也是金山银山”，要求东北地区在保障资源环境承载能力的基础上，充分利用自然资源禀赋创造财富，推动生态优势转变成产业优势，进而转化为经济优势，人与自然和谐相处，最终实现可持续发展。其五，在做强做优实体经济上下功夫。党的十九大报告中提出“建设现代化经济体系，必须把发展经济的着力点放在实体经济上”。实现区域经济高质量发展，核心在工业，工业发展的关键在制造业。东北地区有着全国最好的制造业基础，东北全面振兴要将推动先进制造业发展作为重要抓手，将提升全产业链水平作为主攻方向，让老工业基地升级为新工业基地是振兴东北的关键。

（二）东北地区全面振兴战略取得瞩目成就

（1）东北经济触底反弹。随着全面振兴战略的不断深入，东北地区经济已止住下滑趋势，积极因素不断积累，经济已经走出谷底，地区生产总值连续多季度平稳增长。东北三省坚定不移地深化供给侧结构性改革，坚持稳增长、促改革、调结构、惠民生、防风险，综合实力大幅提升。在东北振兴战略实施前，东北经济总量为 1.27 万亿元，2007 年增长到 5.67 万亿元，2018 年增长至战略实施前的 5.4 倍。

（2）产业结构调整进程加快。东北三省将战略性新兴产业作为东北地区产业结构调整的主要抓手，智能装备制造、生物医药、新能源汽车、新材料、大数据和云计算等新兴产业呈现出快速发展态势，服务业和战略性新兴产业所占比重稳步提高。结构调整带来产业竞争优势的逐步恢复，目前东北发电设备、火电、水电占全国的 1/3，数控机床占全国的 1/3，乙烯产能占全国的 1/6，汽车产量占全国的 1/7，造船业占全国的 1/5。

（3）营商环境明显改善。东北三省和四市狠抓投资营商环境，成效显著。黑龙江省于2018年出台《全省深化机关作风整顿优化营商环境实施方案》，集中解决形式主义、官僚主义、失责失信、弄权勒卡、机构臃肿、能力不足等影响营商环境的突出问题。吉林省借鉴优秀经验多措并举优化软环境，全面推行“最多跑一次”等“放管服”改革。辽宁省从改变干部作风、完善政务服务等方面入手，集中抓审批，为重点项目配备“服务秘书”。随着营商环境的显著改善，东北地区吸引力大大加强，更多投资和项目涌入东北地区。近两年在东北三省新注册的企业数量相当于前十年的总和，营利性服务业连续3年保持两位数增长。阿里巴巴、腾讯、京东、恒大等一批知名民营企业纷纷在东北投资布局，“投资不过山海关”正逐步转变为“投资争过山海关”。

（4）开放性平台建设收效显著。自2014年开始，国家尝试以试验区形式探索带动东北地区振兴发展，先后在大连、哈尔滨、长春、沈阳四个重要城市设立大连金普新区、哈尔滨新区、长春新区和沈抚新区。新区展现出极大的发展活力，成为带动东北经济走出困境的重要力量。2019年，哈尔滨新区江北一体化发展区固定资产增长25%以上，签约项目101个，吸纳投资2264亿元；长春新区年固定资产投资增长15%，实现项目总投资405亿元。新区的强势发展为东北地区体制机制创新和经济转型发展提供了可复制推广的有效经验，进而辐射带动整个东北区域经济的高质量发展。

（5）对外开放合作不断加深。随着改革开放的不断深入，特别是东北全面振兴战略的实施，东北地区凭借其得天独厚的地理位置优势不断拓展国际合作，尤其是加强与东北亚地区暨日本、韩国、俄罗斯、朝鲜、蒙古等国在贸易、资源、投资、旅游等方面的区域经济合作。东北三省吸引外商投资总额从2008年的1584.15亿美元快速增长至2017年的3883.93亿美元；与东北亚地区贸易总额从2009年的334.62亿美元增长至2018年的540.54亿美元。一些大型合资企业，如沈阳华晨宝马、大连英特尔芯片等纷纷落地；一些重点战略项目，如长吉图开发开放先导区、大连东北亚航运中心建设等也在不断深入推进。

（三）东北地区仍有较大发展潜力

1. 政策优势

党中央、国务院高度重视东北老工业基地的振兴发展。2003 年《中共中央 国务院关于实施东北地区等老工业基地振兴战略的若干意见》正式印发，标志着东北地区等老工业基地振兴战略启动实施。2014 年国家开始推动新一轮东北振兴计划，并于 2015 年年底出台《关于全面振兴东北地区等老工业基地的若干意见》，将“振兴”升级为“全面振兴”，鼓励东北地区改革创新，跟上时代发展步伐。2016 年 12 月，国家发展改革委正式印发《东北振兴“十三五”规划》，提出到 2020 年东北地区体制机制改革创新和经济发展方式转变取得重大进展，发展的平衡性、协调性、可持续性明显提高，与全国同步实现全面建成小康社会的宏伟目标。同时，东北三省各自出台相应的振兴战略实施方案，为全面振兴的落实推进提供了指导和保障。此外，国家领导人十分重视东北振兴战略的推进情况，习近平总书记自党的十八大以来先后六次赴东北地区考察，做出了一系列重要决策与部署。

2. 雄厚的工业基础优势

东北地区工业的发展始于 20 世纪初，当时沙俄和日本出于侵略中国的需要建造了一批工业基础设施。后来在直系军阀张作霖、张学良的治理下，东北工业有了长足发展。新中国成立后，政府大力发展经济，进行工业化建设，第一个五年计划的 156 个重大工业项目中有 54 项放在了东北，东北地区成为“新中国工业的摇篮”。多年的工业发展使得东北三省工业技术基础雄厚、产业聚集度高、辐射范围广。截至目前，在国内，东北地区在部分领域如大型工业设备制造、化工和石油设备制造、冶金工业设备制造、数控机床等领域仍占据领先地位。

3. 农业优势

东北地区优越的自然环境和肥沃的黑土地孕育出我国重要的农业基地，三江平原、松嫩平原、辽河平原等土壤肥沃、土层深厚，且地势平坦，集中连片，适合机械化耕作。东北粮食产量一直保持在 2300 ~ 2400 万吨左右，占全国粮食产量的 20%，其中商品粮占 40%，每年商品粮调出量占全国的 60%，在维护粮食安全、稳定经济方面发挥着极其重要的作用。

4. 自然资源优势

东北地区地域广袤，所辖面积占全国面积的 8.2% 左右；地理资源多样，区域内包含平原、山地、丘陵、河流、湿地等多种自然环境；广大山区蕴育着丰富的森林资源，总蓄积量占全国的 1/3，木材产量占全国的 50%；水资源丰富，地表径流总量约为 1500 亿立方米；同时，东北地区矿产资源丰富，已发现矿种 120 余个，储量居全国前三的达 45 种，铁矿石储量约占全国的 1/4，原油产量占全国原油总产量的 40%，煤炭资源占比约 10%。

5. 区位优势

东北地区位于中国与东北亚的结合处，沿边沿海——毗邻俄罗斯、蒙古国和朝鲜半岛，与日本隔海相望，与俄罗斯有长达 4300 公里的边境线，是中国内地赴俄远东地区的必经之地，是中国对东北亚地区开放的窗口，更是国内理想的对东北亚及北美地区的客货集散地。同时，东北地区和境内多个省份相邻，具有承接国内国外的优越地理位置。

6. 交通优势

东北区域内交通网络密集交错，形成了水陆空三位一体的立体综合交通运输体系。东北地区不仅是连接我国内地和东北亚的枢纽，还是沟通东北亚和欧洲之间距离最近的大陆桥的中间站。从图们江口，经过东北、蒙古国、俄罗斯至荷兰鹿特丹，就可构成一条新的亚欧大陆桥。

7. 宝贵的精神财富

在东北老工业基地发展的历史进程中，涌现出王进喜、孟泰、王崇伦等一批家喻户晓的劳动模范，同时形成以“铁人精神”“大庆精神”“鞍钢宪法”为代表的宝贵的精神财富，体现了东北人民在推动祖国和家乡建设上的无私奉献和无畏果敢，是国家和民族的宝贵财富，是全面振兴东北老工业基地的精神动力和智力支持。

二、东北地区全面振兴面临的现实困境

尽管东北地区在区域经济发展方面有着得天独厚的优势，东北振兴战略也取得了瞩目的成绩，但作为推动国民经济持续稳定发展的重要力量，东北地区近些年发展较慢，不断被其他地区赶超，东北三省生产总值占全国比重持续多年下降，已由 1993 年的 11.01% 跌至 2017 年的 6.7%。在振兴战略落实过程中，暴露出了不少问题和困难。

（一）产业结构失衡，传统支柱产业日趋衰落

由于新中国成立以来东北地区一直优先发展重工业，经济发展过程中形成了一定的惯性思维，资源配置和政策引导容易向重化工业、资源型产业以及装备制造业等领域倾斜，致使东北三省的经济结构中第二产业占比较高，服务业占比较低，服务业在区域经济发展中的积极作用无法有效体现。虽然在东北振兴发展背景下，各省积极调整产业结构，但重工业的巨额投资形成了较高的沉淀成本，调整难度较大，调整周期较长，规模庞大的重化工产业挤占着东北的市场空间，造成了严重的资源浪费，致使东北地区产业结构持续僵化，阻碍了服务业的发展。数据统计显示，2015 年辽宁省产业结构中，第一、第二、第三产业增加值分别占生产总值的 8.3%、46.6% 和 45.1%；吉林省三产业占比情况分别

为11.2%、51.4%和37.4%，黑龙江省则为17.5%、31.8%和50.7%。整个东北地区服务业增加值占地区生产总值比重为37.6%，比全国平均水平（46.1%）低8.5个百分点。尽管相比前两年有了一定的改善，服务业比重有所增加，但相比国内其他地区仍然存在明显依赖第二产业的情况。同时，由于科技含量低、技术装备陈旧、生产效率低等，东北地区的支柱产业出现衰落萎靡态势，具体体现为东北地区的工业增加值占全国的比重不断下降，已从2012年的24.16%跌至2018年的18.60%。

（二）科技创新能力不足，新兴技术产业发展缓慢

创新是推动产业结构优化升级的核心动力，然而由于东北地区的创新投入不足，科技创新能力缺失。2017年，东北地区研发（R&D）人员仅占全国总研发人员的3.78%；研发机构仅为全国总量的1%左右；有研发活动的企业仅占全国的2.17%。2017年东北地区专利申请量和有效发明专利分别占全国的2.2%和3%，且专利资源仍然集中在传统优势的重化工业。创新能力的不足以及创新资源投入领域的局限导致东北地区新兴技术产业发展缓慢。2017年，辽宁省战略性新兴产业增速与全国平均水平持平；吉林省增速仅为7.2%，低于全国平均水平3.9个百分点；黑龙江省更不乐观，省会城市哈尔滨的战略性新兴产业的增长速度仅为1.3%。与其他地区的主要城市相比，东北地区三个中心城市沈阳、大连、哈尔滨的新兴技术产业无论是在企业数量、总产值，还是在贡献程度方面，均处于垫底位置。从企业数量来看，沈阳、大连、哈尔滨三市的高新企业数量总和不及深圳市的1/5、广州市的1/4；从企业总产值看，三市高新技术企业产值总和不及深圳的1/5、仅为武汉市的80%；从贡献度上来看，三市高新技术企业缴纳税费的总和不及深圳市的1/5、广州市的1/2。新兴技术可以提升传统产业的技术含量，提升产品附加值。新兴技术产业发展缓慢从侧面反映出东北三省产业转型升级存在不少困难。

（三）经济增长过于依赖投资拉动

投资、消费和出口是拉动经济增长的“三驾马车”，然而东北地区近些年经济发展主要依靠投资拉动，仍然坚持拼资源、拼设备、拼人力的“粗犷型模式”。2003 年东北振兴战略实施以来，东北三省社会固定资产年度投资额与生产总值之比始终高于 50%，最高年份达到 86%。过度依赖投资的经济发展模式使消费和出口不受重视，在推动经济发展过程中难以起到很大作用。从投资领域看，主要投资行业仍集中在能源、交通、水利、工业、房地产等资源和劳动密集型产业。然而随着资源的减少、房地产市场的降温以及重化工业产业发展陷入瓶颈，投资拉动经济发展的模式很难继续维持，投资转化的经济效益也逐年减弱，如 2014 年，东北三省固定资产投资对经济的拉动率为 -1.29%，这说明投资不仅没能有效推动经济的向前发展，反而带来负面效果。因此，投资者开始减少对传统行业的投资金额，这直接降低了东北地区的经济发展速度。

（四）国有经济负担沉重，民营经济不发达

受历史因素影响，东北地区集聚着大量规模庞大的国有企业，且分布于重化工业、资源行业以及装备制造业等诸多领域。2018 年数据显示，东北三省国有及国有控股工业企业总资产占该省工业企业资产总量比重的具体数据分别为：黑龙江 59.87%、吉林 54% 和辽宁 48.35%，东北地区平均 54.07%。而全国规模以上工业企业资产总额中，国有及国有控股比重只占 38.78%，东北三省都比平均水平高出10～20个百分点。较高比重的国有经济在整体经济运行不乐观的情况下展现出效率较低的弊端，成为拖累全国经济发展的负担。2015 年东北三省的国有企业利润总额是 -52.7 亿元（其中辽宁负值最高），三个省的亏损面大体在一半左右，特别是作为经济效益重要指标的国有企业净资产利润率仅为 -0.3%。这就意味着东北三省全部国有净资产经营一年，不但没有利润，反而整体亏

损。在国有经济活力不足、效益不佳的情况下，东北地区民营经济取得突破发展，无论从数量还是贡献程度上都有了长足进步，对区域经济发展起到了一定的支撑性作用。然而相比东部沿海地区，东北民营经济的发展还不够充分，对所在区域的政府以及国有企业依附程度仍然很高。由于政府管制和自身能力欠缺等，东北地区民营经济独立发展能力较差，更多为国有大中型企业提供服务，规模普遍较小，且多存在于第三产业，因此很难在东北民营经济中涌现出比较有影响力的企业。从 2016 年中国民企 500 强各省区市上榜企业数量及总营收排行来看，在全国 500 强民企中，浙江占 134 家，广东占 50 家，上海占 14 家，而辽宁只有 7 家，全国占比为 1.4%，7 家总营业额为 3498.5 亿元；吉林和黑龙江各只有 1 家，远远落后于珠三角、长三角和京津冀地区。

（五）营商环境有待完善，人才和资源持续外流

良好营商环境的缺失是导致东北区域经济无法快速发展的重要原因之一，在处理政府和市场之间的关系上，东北地区政府没有发挥出应有的作用。一是政府部门在职能转变上做得不到位，没有理顺政府与企业和社会的关系，存在错位、越位、缺位等现象；二是“放管服”改革落实不彻底，经济社会管理权限未能真正下放，行政效率低；三是政府的过度干预增加了企业的制度性交易成本负担；四是整个市场缺乏诚信环境，未建立起健全的政府、企业和个人信用体系；五是现有的一些正在执行的制度、法规与营商环境不匹配。较差的发展环境不仅不能有效地吸引企业和资本进入东北，还直接导致了要素的外流。一方面是人才流失，2017 年东北地区人口净迁出约 35 万人，迁出人口多为高知高技的年轻人和青壮年劳动力，东北高校毕业生选择省外就业、技术人员携专利成果外流、研究团队集体被挖走等事件已成常态。技术人才的短缺导致创新能力始终不强，劳动力的流失使东北地区的产业优化升级举步维艰。另一方面是企业的外流，每年都有大量民营企业甚至国有企业选择离开东北，南迁至深圳、珠海等地，这些企业多为服务型企业。目前东

北的企业发展环境无法兼顾到企业在不同发展阶段的特点和诉求，经常出现小规模企业在东北本地发展，规模逐步壮大后就迁到东南沿海地区发展的现象。

三、影响东北地区全面振兴战略顺利实施的原因探析

2003 年至今，国家在振兴东北老工业基地上投入大量精力，出台了一系列政策，给予了充足的政策红利。然而东北区域经济的发展仍居全国末位，说明东北地区全面振兴的症结不在政策和投入上，也不在外界环境上，应多从自身找原因。

（一）思想观念滞后是问题的根本所在

东北地区思想僵化、观念滞后主要体现在以下三个方面：一是过度依赖工业化的思维困境。东北地区本就是国家重要的工业基地，有着雄厚的工业基础，在历史上也取得过辉煌的工业成就。虽经历过衰退，但在振兴过程中依然依靠快速推进工业化完成了经济的反弹，且实现了我国从工业进口大国到工业出口大国的转变。地方依靠工业财政充裕，百姓依靠工业生活水平提高，因此人们会自然而然地将全面振兴的实现与发展工业联系到一起。部分地方政府仍将提高工业化水平作为第一要务，出台一系列优惠政策，全力招商引资。这种潜意识里的固化思维已成为东北地区产业结构优化升级的重要障碍之一。二是思想陈旧保守，不愿创新和改革。在东北地区，从各级地方政府到企业再到百姓，都有较强的求稳意识，还未做到真正的思想解放。在全面振兴的大背景下，部分政府仍不思改变，“等靠要”思想严重，没有勇气也没有能力进行创新和改革。同时企业也没有较强的创新意愿，只在原有的环境和基础上开展商业活动，致使东北地区的新兴产业缺乏发展动力。从百姓的思想观念看，大学生毕业后进入公务或国企系统仍是第一选择，这也间接造成了东北地区创业环境差以及人才大量流失。三是“官本位”思想

严重。部分政府部门和官员把“官”和“管”看得很重，缺乏服务意识，习惯于深度干预市场，行政审批多、审批效率差，市场作用得不到有效发挥，严重影响了良好营商环境的打造。此外，重官轻商的观念导致经济行为中缺乏规则意识和契约精神，办事不是靠着合规合格，而是托关系、找门路。

（二）体制机制约束是东北全面振兴的重要障碍

首先东北振兴面临的一个重要问题就是市场化程度不高，这缘于东北地区的计划经济体制思想残留比较严重。东北地区是第一个加入且最后一个退出计划经济体制的地区，市场经济意识、市场经济规则和市场经济秩序严重落后。如今计划经济中政府干预性的发展模式已经不适应当前东北区域经济发展的需要，东北经济结构的调整应由“政府主导”彻底转变为“市场决定”。但在现实的经济生活中，多数情况下还是政府唱主角，政府干预的模式仍然发挥着很大的作用。其次所有制结构不合理，东北地区国有经济所占比重过高且效益不佳，民营经济发展仍不充分。国企改革虽一直积极推进，但一些地方和企业领导满足于现状、缺乏魄力，致使一些重要问题，如主辅分离、“三铁现象”、厂办大集体改革等始终未得到有效解决。民营经济发展虽然近几年有了明显进步，但仍是数量少、规模小，很难和国有经济开展竞争与合作。一旦国有经济发展受阻，民营经济无法挑起重担。体制机制约束所造成的后果是严重的，由于市场体制不完善，经济体资源配置不灵活，经济出现下行便会引发严重的经济和社会问题。

（三）结构性失衡是东北地区经济下滑的主要原因

东北地区经济下滑，其深层次原因是结构性矛盾。一是产业结构失衡。第二产业特别是工业所占比重较高，服务业和新兴产业发展滞后，尚未形成具有影响力的新的经济增长点，无法弥补传统支柱产业下滑带来的缺口。二是需求结构失衡。消费需求持续减弱，东北地区最终消费占全国比重大幅下降，最终消费中居民消费占比不断下降，居民消费中农村居民消费比重下降较多。三是产品结构失衡。东北地区大多数企业处于产业链上游，生产商品多为中低端，产品老化、产能过剩、产品附加值低、竞争力不足。而东北地区部分高端产品，如轨道交通通用钢材、高档数控机床、工业机器人等又供小于求，尤其是在消费品工业领域，东北地区存在严重短板。四是技术结构失衡。现有技术落后，新技术无法创新应用，产学研协同机制不顺畅。尽管东北有一大批高水平的高校和科研机构，但技术成果无法在东北地区顺利转化落地，科研资源优势难以转化成生产力优势，“墙内开花墙外香”的现象十分普遍。

四、东北地区全面振兴的建议

（一）推动构建“双循环”发展新格局

目前，我国经济处于由高速增长向高质量发展转变的关键阶段，经济发展由要素驱动和投资驱动转向创新驱动，经济结构不断优化升级，发展前景向好，但同时也面临一些体制性和结构性问题，加上新冠肺炎疫情影响，经济运行面临一定压力。国际范围内，世界经济正经历深度衰退，国际市场严重萎缩，全球化出现逆流，保护主义、孤立主义、单边主义在一些国家盛行，世界整体环境动荡不安，全球供应链在新冠肺炎疫情的扩散影响下出现本地化、区域化和分散化趋势。2020 年 5 月，中央结合当前国内外新形势提出了“构建国内国际双循环相互促进的新发展格局”，习近平总书记进一步指出要“逐步形成以国内大循环为主体，国内国际双循环相互促进的新发展格局”。“双循环”格局的建立，不是简单的“出口转内销”，而是在经济发展过程中全面统筹国内国际两个大局，以我为主、内外兼修，在保障我国经济安全的同时谋求新增长空间。

东北地区的全面振兴要建立在“双循环”新格局基础上。首先应深化改革，加快疏通国内大循环。一是充分利用东北地区的比较优势，采取综合措施推动产业链在区域间的合理布局和协同，深度挖掘区域内市场潜力，提升抗风险冲击能力；二是深化体制性、结构性、基础性改革，提升市场化程度，消除体制机制障碍；三是创新发展思路，优化区域经济布局，培育新经济增长极；四是提高科技创新水平，培育新兴产业，以创新驱动引领内循环发展。其次应扩大对外开放助推国际大循环。一是充分发挥东北区位优势，加强与东北亚等周边地区的交流合作；二是扩大开放领域，优化投资营商环境；三是着力打造自贸试验区，打通东北振兴与对外开放的大平台，建设开放新高地；四是融入“一带一路”、中日韩自贸区等对外开放战略。最后应统筹兼顾国内循环与国际循环，用好两个市场、两种资源，使国内国际循环实现优势互补、良性互动、互促互进。

（二）改造提升传统优势产业，完善产业结构

新的发展阶段，东北地区应持续推进供给侧结构性改革，在解决钢铁、化工等重工产业产能过剩问题的同时，为传统优势行业找到新的发展依据，依靠新技术、新理念对传统行业进行转型升级，巩固和提升现有优势。同时，要以先进制造业革命和“中国制造 2025”为契机，在整合提升、巩固发展传统工业的同时，积极推动以智能化、信息化为核心的新型产业发展，依托雄厚的工业基础，将东北地区在制造业领域的优势和领先地位一直延续下去。

大力优化和提升第二产业的同时，还应进一步补齐三大产业发展中的短板，完善产业结构。应大力促进农业发展方式的转变，推动东北地区的农业向现代化、规模化发展，以绿色方式拓展农业产业链，依照市场需求优化农业产业结构，积极推进现代农业与现代服务业相融合。还应大力扶持金融、商业服务、运输服务、餐饮住宿、文化娱乐等第三产业在东北三省落地并发展壮大，提高服务业所占比重，减少服务业对第

二产业的绝对依赖，真正实现三大产业齐头并进、均衡发展、互补互惠，从而提高东北地区的综合经济实力。

（三）转变经济增长方式，完善自主创新体系

东北地区继续依靠扩大政府投资和增加劳动力数量来驱动经济的粗放方式已出现问题，不可持续，亟待从过度依赖投资发展的模式转变为全要素驱动发展，充分提高全要素生产效率，提升经济增长水平。科技的创新是提高全要素生产水平的关键，也是推动东北区域经济持续、健康、稳定发展的动力源泉。东北地区应引导资金流入技术密集型产业，加强基础技术和核心技术的研发，推动建立自上而下的科技、产品、模式、管理等全方位创新体系。同时提高科技向产业应用转化的能力，通过创新成果产业化推动经济发展。另外，加快推进技术引进，借助“一带一路”建设的优势，重视与周边国家和地区的技术交流学习，利用技术的溢出效应，切实增强技术发展对经济发展的促进和引领作用。

（四）破除体制机制束缚，继续推进国有企业改革

破除体制障碍，首先要理清政府与市场的关系，认识到经济活动应当以市场机制为主要依靠，市场在资源配置中起决定性作用。政府应简政放权，积极转变职能，努力协调好与企业、资本以及社会各方的关系，在行使职能过程中避免使用行政指令干预企业的发展。其次要完善所有制结构，就东北地区而言，最重要的就是坚持推进国有企业改革。国有企业改革的根本在于构建现代产权制度，核心在于产权的明确界定。一是对于竞争性行业国有企业，应进一步推进企业产权结构多元化，通过降低国有占股比重、提高非有国有股权比重的方式、促进多元化资本的优化重组。通过多元资本注入的方式，实现经营者与所有者之间的有效制衡，建立起收益共享，风险共担的激励机制。二是推动混合所有制改革，优化国有企业法人治理结构，实现股东大会、董事会与监

事会各司其职，互相制衡，良性发展。三是鼓励技术入股，允许相关技术持有人以技术成果作为无形资产取得股东地位，赋予科技成果使用、转让和收益权。

（五）以自贸区为抓手优化营商环境

东北地区营商环境的改变是个长期而复杂的工程，受历史、经济现状、思维模式等诸多因素的影响，找到一个适合东北地区的营商环境优化方式需要不断尝试探索，而自贸区则提供了“试验田”。我国自贸试验区建设的核心就是通过开放倒逼改革，通过营造国际化、法制化的营商环境，探索实现从依靠要素红利向制度红利的转变，成功的经验进而可向全国推广。2013 年和 2019 年国家分别在辽宁和黑龙江设立了自贸区，在东北地区全面振兴背景下，可通过这两个试验区探索适合东北的营商环境，弥补制度短板。一是切实加快转变政府职能；二是建立与国际先进经贸规则接轨的贸易投资管理体系，拆除开放领域落地实施中存在的“玻璃门”“弹簧门”，切实提升市场开放程度；三是进一步提高贸易投资自由化便利水平，打造一流的市场化、国际化、法治化的营商环境。

（六）打破省际概念，推进全域全产业协同发展

为实现东北全面振兴，应打破地域限制和省际界限，依据地理资源版图重新规划产业经济版图，以全域视野和系统思维谋划全区域和全产业的东北全面振兴、全方位振兴。一是建设黄渤海“重物流”工业经济带。东北地区的渤海、黄海沿岸城市辖区工业基础好，海陆交通便利，发展“重物流”产业优势明显，因此可给予适当规划和引导，将该区域建设成为汇集冶金、钢铁、石油化工、船舰制造等产业的发展区域。二是建设东北中部“轻物流”产业区，促进多产业协同发展。东北中部城市和人口密集，自然和农业资源丰富，各类产业基础较好，公路铁路交通发达，适合“轻物流”产业发展。“轻物流”多伴随技术含

量高、附加值高产品，在中部地区发展“轻物流产业”是东北地区从单一重化工业走向全产业的重要一步，也是东北全面振兴的关键。三是依托“哈长沈大‘零物流’产业城市群”建设国家创新研发基地。“零物流”产业是指不需要物流便能运作的新兴产业，如互联网、大数据、金融、咨询服务、医疗养老等产业。哈尔滨、长春、沈阳、大连均为副省级城市，在科研、文化、教育和经济发展方面领先东北其他地区，具有发展“零物流”行业的良好条件，因此四市应采取措施吸引人才和技术，打造为后工业产业聚集地和创新研发领先地，激发城市发展新活力，带动区域经济健康发展。四是规划工业资源产区，建设现代化农业生产基地。东北地区是中国的粮仓，然而农业资源和农业产业优势未能转化成经济优势。可将东北平原、三江平原等农业资源丰富地区建设成东北农业资源产业区，以规划和政策为引导，以产业扶植和资金支持为推动力，大力推进经营规模化和生产机械化，同时在做好粮食安全保障的前提下，调整种植结构，提高农产品附加值。五是系统科学规划，跨省整体运行，生态保护优先，打造长白山生态产业区和东北西部生态产业区，使其成为东北地区全面振兴的重要组成部分。

执笔人：赵天然

参考文献

[1]东北亚区域经济合作发展:东北振兴之路[J]. 财经问题研究，2019(10):146.

[2]姜昆. 东北老工业基地的发展现状及振兴策略探究[J]. 黑河学刊,2020(4):4-6.

[3]王成金,李绪茂,谢永顺,陈沛然,徐勇. 新时代下东北地区高质量发展的战略路径研究[J]. 中国科学院院刊,2020,35(7):884-894.

[4]江孝君,杨青山,刘杰,沈方,刘鉴. 东北三省区域经济差异的多尺度与多机制研究[J]. 地理科学,2020,40(3):383-392.

[5]张振,赵儒煜,杨守云. 东北地区产业结构对区域经济韧性的空间溢出效应研究[J]. 科技进步与对策,2020,37(5):37-46.

[6]宋丽敏,乔中娜. 区域经济增长要素贡献率差异分析——以东北地区为例[J]. 辽宁大学学报(哲学社会科学版),2020,48(1):45-53.

[7]秦培容. 东北地区国家级新区的比较及整体布局研究[D]. 长春:吉林大学,2018.

[8]杨白冰,盛磊. 东北地区产业发展面临的困境及对策建议[J]. 中国物价,2019(9):43-46.

[9]吴云勇,王炳峰. 东北老工业基地产业结构优化升级的宏观路径[J]. 沈阳师范大学学报(社会科学版),2020,44(4):29-34.

[10]刘佳慧,马会. 东北老工业基地产业结构优化升级的中观路径[J]. 沈阳师范大学学报(社会科学版),2020,44(4):35-40.

[11]李文国,崔晓丹. 东北老工业基地产业结构优化升级的微观路径[J]. 沈阳师范大学学报(社会科学版),2020,44(4):41-46.

[12]胡东婉,宋玉祥. 中国东北地区产业集聚与可持续发展研究[J]. 哈尔滨工业大学学报(社会科学版),2019,21(3):136-140.

[13]胡东婉. 东北地区承接产业转移的要素空间配置研究[D]. 长春:东北师范大学,2019.

[14]魏羽彤. 基于产业结构调整的东北老工业基地再振兴研究[D]. 长春:吉林财经大学,2018.

[15]王筱迪. 我国东北地区产业结构研究[D]. 长春:吉林大学,2017.

[16]张琴. 东北三省制造业产业转移及优化结构的路径研究[D]. 长春:吉林大学,2017.

[17]沈颂东,陈鑫强,韩明友. 东北振兴的产业重构与空间布局——基于振兴目标、资源优势和物流成本的综合分析[J]. 经济纵横,2020(6):102-108.

[18]常修泽. 东北振兴战略新论[EB/OL]. 中国东北振兴研究院, http://canr. neu. edu. cn/2017/0712/c2624a46533/page. htm.

[19]王光. 东北振兴中的营商环境困局及其治理[J]. 行政与法, 2018, 244(12):94 - 99.